Helmut Borth

Notiert beim Torschreiber

Die Deutsche Nationalbibliothek verzeichnet diese
Publikation in der Deutschen Nationalbibliografie;
detaillierte bibliografische Daten sind im Internet unter
http://dnb.d-nb.de abrufbar.

© *2020 Helmut Borth*
(www.meckpress.de)

Fotos: Helmut Borth bzw. Sammlung Helmut Borth
(soweit nicht anders verzeichnet)

Satz & Layout: Anne Breitenbach
Formatierung: Felizita Rinck (www.werbe-rinck.de)

Herstellung und Verlag:
BoD Books on Demand, Norderstedt

ISBN 9783750493827

Inhalt

Wo zwei sich trauen

Wo vor fast 400 Jahren Pulverdampf von Geschützen und Musketen in der Luft lag, liegt heute Liebe in derselben. Jährlich melden sich rund 350 Paare zur Eheschließung im Neubrandenburger Standesamt an, das seit 2012 sein Domizil im nördlichen Torschreiberhäuschen des Friedländer Tores hat.

Im südlichen befindet sich seit fast 40 Jahrzehnten das „Torcafé". Einst gebaut für den herzoglichen Steuereinnehmer und den städtischen Tor- und Zingelwärter, sollen die beiden Fachwerkhäuschen nach Meinung von Stadtdenkmalpfleger Dr. Harry Schulz im 18. Jahrhundert in die Mauern des Zwingers eingefügt worden sein, der Vor- und Haupttor miteinander verbindet. Vielleicht geschah dies aber auch schon Ende des 17. Jahrhunderts, ist doch aus dem Oktober 1683 der Eid des Torwächters Hans-Jürgen Reiner überliefert, der im Auftrag des Stadtrats am Friedänder Tor seinen Dienst tat.

Als seine Erbin dürfte die Gastronomin Manuela Beyer angesehen werden, die 1988 das Torcafé als HO-Gaststättenleiterin übernahm und es zwei Jahre später im Rahmen der Privatisierung des Betriebes erwarb. Ein weiterer Erbe ist Andreas Beck, der Leiter des Neubrandenburger Standesamtes, der die Schlüsselgewalt über das zweite Zoll- bzw. Torwärterhäuschen besitzt.

1976 waren das Café und sein Gegenüber als Torgalerie eröffnet worden, nachdem man staatlicherseits drei Jahre an der Sanierung und dem Rekonstruktionsneubau der beiden Domizile gearbeitet hatte. Als das Zentrum Bildende Kunst, das die Torgalerie betrieb, abgewickelt wurde, führte Beate Remest die erste Adresse für tolle Kunstaustellungen weiter, bis sie Platz machte für das Standesamt der Viertorestadt, für das das Zoll- bzw. Torwärterhäuschen 2011/12 mit einem Kostenaufwand von 200.000 Euro hergerichtet wurde und dessen Eingang nun eine kleine plattdeutsche Hochzeitsgeschichte von Fritz Reuter schmückt.

Der feierliche Raum für das Jawort im Standesamt bietet 53 Plätze und natürlich auch die Möglichkeit, den Bund fürs Leben mit einem kleinen Sektempfang zu beginnen. Immerhin möchte das Liebesglück vom modernen Torschreiber nicht nur beurkundet und besiegelt, sondern vielfach auch vom Brautpaar und seinen Gästen mit einem Gläschen Champagner getauft werden.

1
Die Nummer Eins unter den Toren

Das Stargarder Tor ist das prächtigste, das Treptower Tor das höchste, das Neue Tor das jüngste. Die Nummer eins unter den vier Toren Neubrandenburgs aber gebührt dem Friedländer Tor. Immerhin ist es das älteste der vier Backstein-Geschwister und gleichzeitig das in seiner Komplexität am besten erhaltene.

Weil die Stadt in ihrem nördlichen und östlichen Abschnitt am stärksten gefährdet war, begannen dort die Bauarbeiten für Wehranlagen aus Stein. Das dürfte kurz nach 1300 gewesen sein. Zuvor war Neubrandenburg durch einen Palisadenzaun geschützt, dessen Anlage 1261 der damalige Landesvater der Neu-Brandenburger, der brandenburgische Markgraf Otto, genehmigt hatte. Und sicher gehörten auch Erdwälle zum Verteidigungssystem und wurden Niederungen und Bachläufe in das Schutzsystem einbezogen. Die Erlaubnis zum Bau einer Stadtbefestigung aus Steinen erteilte den Bürgern der Stadt aber erst Heinrich II., Fürst zu Mecklenburg, unter dem Vorzeichen sich anbahnender kriegerischer Auseinandersetzungen mit den Brandenburgern.

Nachdem 1298 und 1299 die Söhne des Brandenburger Markgrafen Albrecht II. gestorben waren, hatte Fürst Heinrich von seinem Schwiegervater das Land Stargard für 3000 Mark Silber gekauft und als Brandenburger Lehen erhalten. Den Kaufpreis blieb der Schwiegersohn aber schuldig. So erbte 1300 nach dem Tod des Markgrafen Albrechts sein Neffe Hermann III. auch das Land Stargard. Der neue Markgraf akzeptierte Heinrich aber nichts als Lehnsmann. Damit lag

Krieg in der Luft. Unter Umkehr des Bibelwortes, dass Geben seliger denn Nehmen ist, suchte Heinrich seine neuen Landesteile zu sichern. 1304 erteilte er den Friedländern das Privileg, sich mit Mauern aus Stein zu umgeben. Es ist anzunehmen, dass er dies zur gleichen Zeit auch den Neubrandenburgern gestattete. Bauhistoriker können jedenfalls den ältesten Teil des Friedländer Tores auf diese Jahre datieren.

Hermann, genannt der Lange, der gemeinsam mit seinem Cousin die Mark Brandenburg regierte, änderte aber seine Einstellung, als er den kriegserfahrenen Mecklenburger, der übrigens „der Löwe" genannt wurde, neben dem böhmischen König Wenzel als Bündnispartner für eine Auseinandersetzung mit seinem Schwiegervater, dem römisch-deutschen König Albrecht I., brauchte. 1304 einigte er sich im uckermärkischen Vietmannsdorf mit Heinrich zu Mecklenburg. Hermann III. überließ seinem neuen Verbündeten das Land Stargard nun für 5000 Mark brandenburgischen Silbers und brandenburgischen Gewichts als Lehen bzw. Heinrichs Frau Beatrix als Leibgedinge. Sollten den Ehegatten Erben geboren werden, würde das Land Stargard als erbliches Lehen weiter an diese vergeben werden, anderenfalls an den Markgrafen und dessen Kinder zurückfallen.

1292 hatte Beatrix bei ihrer in Neubrandenburg gefeierten Hochzeit das Land Stargard bereits als Wittum mit in die Ehe gebracht. Das Land war also schon beim Jawort zur Witwenversorgung von Beatrix vorgesehen, sollte ihr kriegerischer Gemahl vor ihr sterben. Die Bündnistreue Markgraf Hermanns hielt nicht lange. 1308 fiel er mit seinem Mitregenten Otto IV. in Mecklenburg ein und ließ bei der Belagerung der Eldenburg, die auf dem heutigen Stadtgebiet von Lübz lag, sein Leben.

Als 1314 Beatrix starb und es keine leiblichen Erben gab, überzog Brandenburgs neuer Markgraf das Land Stargard mit Krieg. Er betrachtete das Lehen als erledigt. Heinrich der Löwe war anderer Auffassung. Er vertrieb die Invasoren und besiegte sie 1316 in der Schlacht von Gransee entscheidend. Die daraufhin einsetzenden Verhandlun-

Die Anlage des Friedländer Tores in ihrer ursprünglichen Gestalt

gen führten 1317 zum Frieden von Templin, mit dem die Herrschaft Stargard dauerhaft an Mecklenburg fiel.

Das aus dieser Zeit der sogenannten Markgrafenkriege stammende Friedländer Tor ist aber nicht nur das älteste Stadttor Neubrandenburgs, sondern in seiner Komplexität auch die am besten erhaltene Toranlage, dazu mit 88 Metern Länge zugleich die umfangreichste. Das stadtseitige 20 Meter hohe Haupttor wurde um 1300 erbaut. An der Feldseite zeigt es noch Elemente des Übergangs vom romanischen zum gotischen Baustil. Die zur Stadt zeigende Westfassade mit ihrem kleinen Treppenturm ist ein paar Jahrzehnte später errichtet worden, in der zweiten Hälfte des 14. Jahrhunderts, als die Gotik als Baustil

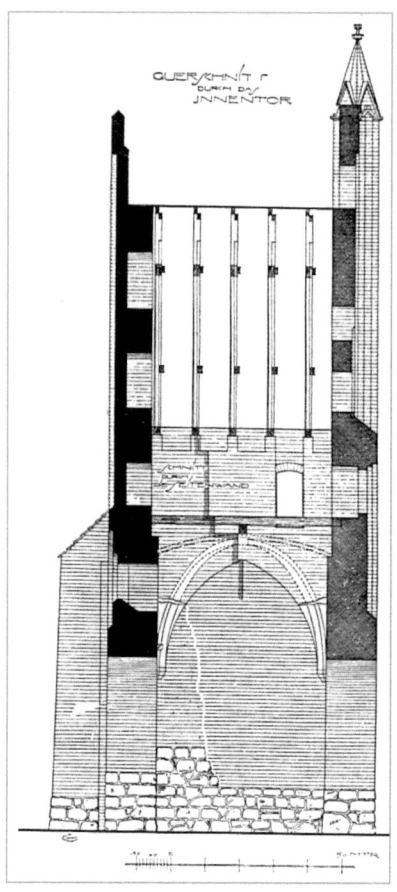

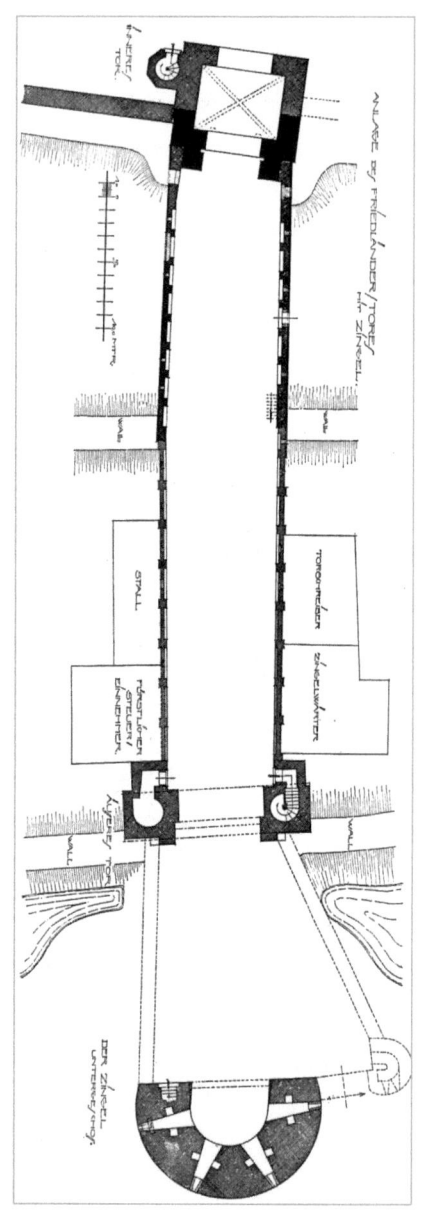

Ein Querschnitt durch das Innentor

*Der Plan der Friedländer Toranlage.
Beide Zeichnungen wurden 1929 von
Georg Krüger in „Kunst- und
Geschichtsdenkmäler des Freistaates
Mecklenburg-Strelitz" veröffentlicht.*

bereits voll ausgeprägt war. Geübte Augen können an den Giebelseiten des Tores die sogenannte Baunaht erkennen. Die Stadtseite des Haupttores ist mit Blendnischen, Kleeblattbögen, Zierfriesen, Fenstern und einem schmuckreichen Pfeilergiebel reich gegliedert. Anders die Feldseite. Sie ist mit zwei Führungspfeilern für ein Fallgitter praktischer ausgelegt. Dieses Fallgitter sollte die spitzbogige Durchfahrt schützen. Im Innern war die Durchfahrt einmal gewölbt. Reste des Kreuzrippengewölbes sind noch erkennbar. Doch nicht nur ein Fallgitter sicherte die Tordurchfahrt. Schmiedeeiserne Torangeln verraten, dass es auch große Torflügel gab, die man schließen konnte.

Das feldseitige Vortor entstand, wie dendrochronologische Untersuchungen des Dachstuhls ergaben, 28 Jahre später. Es ist streng symmetrisch gegliedert und wurde ausschließlich aufgrund von kriegstechnischen Anforderungen gebaut. Trotzdem gibt es auch hier baulichen Schmuck, wie beispielsweise die fünf Blendnischen belegen, die unter einem Rundbogen ein zweiteiliges Maßwerk aufweisen. Die Funktionalität des Vortores springt dem Betrachter sofort durch die zwei Pfeiler in die Augen, mit denen die Feldseite verstärkt wurde.

Ein Schlitz in der Wölbung der Tordurchfahrt lässt vermuten, dass auch das Vortor durch ein Fallgitter gesichert war – für den Notfall. Die Ein- und Ausfahrt regelte zunächst eine Drehtür, die über einen inneren und einen äußeren Anschlag verfügte und um einen Mittelpfosten schwang. Historiker kamen zu dieser Auffassung, nachdem sie das Gebäude genauer untersuchten und feststellten, dass der Torbogen mittig um 1 ½ Stein versetzt ist und sie sich die Frage nach dem Warum stellten. Später, als die Fuhrwerke größer wurden, baute man im Vortor auch eine zweiflügelige Durchfahrt ein.

Obwohl die Toranlage aus rein verteidigungstechnischen Zwecken gebaut wurde, hat man auf Schmuck- und Zierelemente nicht verzichtet. Haupt- und Vortor sind durch Mauern verbunden, die den Zwinger bilden.

Ergänzt wurde die Anlage um 1500 durch den dreigeschossigen, acht Meter hohen Zingel. An der nördlichen Seite des Zingels befand sich eine Tordurchfahrt, die durch einen kleinen Turm und einen Wehrgang an der Verbindungsmauer mit dem Vortor gesichert war und einen weiteren kleineren Zwinger bildete. Mauern und Turm wurden Mitte des 19. Jahrhunderts abgebrochen.

Die vier Meter starken Mauern der halbrunden Bastion schützten das Tor vor großkalibrigen Feuerwaffen wie ein Kugelfang, dienten aber auch der aktiven Verteidigung, wie seine elf Schießscharten auf drei Etagen belegen. Um das vier Meter starke Mauerwerk, außen ein Backsteinmantel, innen Findlingsfüllmauerwerk, nicht zu schwächen, legte man die Schießscharten nicht direkt übereinander, sondern versetzt an, wobei die oberen Schießscharten sowohl für Distanz- als auch für Nahschüsse nach unten konstruiert waren. Zur Erbauungszeit waren

Der Zingel am Friedländer Tor, vom Wall aus gesehen, aus einem Fremdenführer Neubrandenburg und Umgebung um 1916   Foto: Franz Neitzel, Neubrandenburg

sie außerdem breiter als heute. Mit dem Einsatz neuer Waffen, als Musketen die Armbrust ablösten, wurden sie verengt.

In Kriegszeiten konnte das heute nicht mehr vorhandene Dach abgenommen werden, um auf der Wehrplatte Verteidigungswaffen zu platzieren. Die tiefe Staffelung der Verteidigungsanlagen, zu denen auch die damals wesentlich stärker ausgeprägten Wallanlagen gehörten – höhere Wälle und tiefere Gräben –, machten aus der Toranlage eine Torburg und es nahezu unmöglich, hier von außen in die Stadt einzudringen.

Als nach dem Dreißigjährigen Krieg die Stadtmauer mit ihren vier Toren den Verteidigungscharakter verloren hatte, wurden in die Zwingermauern des Friedländer Tores zwei Fachwerkhäuschen eingebaut. Eins war Domizil des herzoglichen Steuereinnehmers, das Zollhaus. Das andere diente dem städtischen Tor- und Zingelwärter, dem Torschreiber, als Dienststelle und -wohnung.

Blick in die Toranlage um 1928,   *Foto: Wally Neitzel, Neubrandenburg*

1

In den 70er Jahren des vorigen Jahrhunderts wurde der Torkomplex restauriert. Im ehemaligen Zollhaus des Steuereinnehmers lädt nun ein gemütliches Café zum Verweilen ein. Die Torschreiberei ist seit 2012 Sitz des Neubrandenburger Standesamtes. Vorher beherbergte es zu DDR-Zeiten erst Ausstellungs- und Verkaufsräume des Zentrums Bildende Kunst, dann der privaten Galerie „Bild & Rahmen".

Blick auf den Vorgänger des „Torcafés". Ende der 1960er Jahre wohnten Hedwig und Reinhold Kowalke in dem alten Torschreiberhaus.

2

Frühdeutsche Töpferwerkstatt

eim Ausheben des Grabens für eine Gasleitung wurde durch die Erdarbeiten Anfang Oktober 1968 etwa zwölf Meter vom Friedländer Tor entfernt unter dem Bürgersteig eine frühdeutsche Töpferwerkstatt entdeckt. Eine durch das Neubrandenburger Museum sofort eingeleitete Notbergung erbrachte umfangreiche keramische Hinterlassenschaften, bei denen es sich durchweg um Scherben von Töpfererzeugnissen des 14. Jahrhunderts handelte. Obwohl nicht die komplette Werkstatt freigelegt werden konnte, bargen die Archäologen allein aus einer Abfallhalde 205 Kilogramm Keramikreste. Das Gefäßspektrum umfasste Dreiknubbenkannen, Standbodenkannen, Grapen, Kugeltöpfe, Hessische Krausen, Schalen, Tassen, Henkeltöpfe, eine ovale Bratenpfanne, einen kleinen kugelbauchigen, gelbgrün glasierten Topf mit geriffeltem Standboden und eine annähernd komplette anthropomorphe Kanne sowie zahlreiche Bruchstücke von zwei weiteren derartigen Exemplaren. Unter den Keramikerzeugnissen dieser Werkstatt nahmen die Grapen und Kannen den größten Anteil ein.

Auffälligerweise enthielt die Keramikkollektion eine Wandungsscherbe als Faststeinzeug. Das ist ein sicherer Hinweis auf ein importiertes Gefäß. Offensichtlich, so der inzwischen verstorbene Archäologe Dr. Volker Schmidt, nutzte man derartige Erzeugnisse, die überwiegend aus dem Rheinland und aus Niedersachsen stammten, aufgrund ihrer Formen und Verzierungen als Vorbilder für die eigene Produktion.

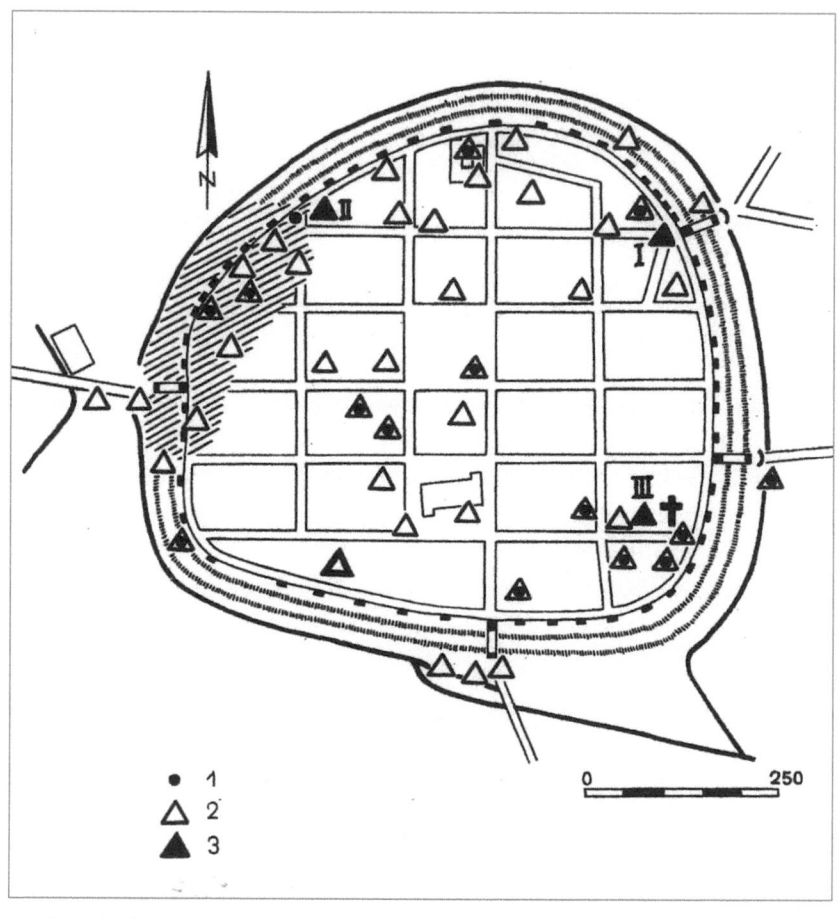

Neubrandenburgs Innenstadt mit den Fundstellen von slawischer und frühdeutscher
Keramik sowie von drei Töpfereien aus dem 13. bis 15. Jahrhundert.

Zeichnung: Dr. Volker Schmidt

1 slawische Funde

2 frühdeutsche Funde

3 frühdeutsche Töpfereien

I. Werkstatt vor dem Friedländer Tor

II. Werkstatt in der 2. Ringstraße

III. Werkstatt in der Pfaffenstraße

3
Vom gefährlichen Leben eines Bürgermeisters

In der bei Wikipedia veröffentlichten Liste der Neubrandenburger Baudenkmale (Stand Dezember 2009) trägt der Prillwisse-Stein am Zingel des Friedländer Tores die Nr. 85. Er ist Zeugnis blutiger Kämpfe der sogenannten Pommernkriege im 15. Jahrhundert und erinnert an den Neubrandenburger Bürgermeister Heinrich Prillwitz.

1488 versuchte Friedrich II., Markgraf und Kurfürst von Brandenburg, genannt „Eisenzahn", das Herzogtum Pommern-Stettin zu unterwerfen. Mit ihm verbündete sich Herzog Ulrich II. von Mecklenburg-Stargard. Besonders die (Alten-)Treptower hatten unter diesem Raubzug zu leiden und sannen auf Vergeltung. Im Juni 1489 erschien ihre Kriegsmannschaft vor dem Friedländer Tor und forderte Wiedergutmachung. Am 24. Juni, dem Tag Johannes des Täufers, gelang es den Neubrandenburgern, die Treptower nach hartem Kampf in die Flucht zu schlagen. Doch unter den Toten war auch einer der vier Bürgermeister Neubrandenburgs, Heinrich Prillwitz. Jeder der vier Bürgermeister war für ein Torquartal verantwortlich, Prillwitz fürs Friedländer Quartal.

Im Gegensatz zu vielen Veröffentlichungen, die von einem Grabstein des Bürgermeisters sprechen, handelt es sich bei dem Denkmal nicht darum, sondern um einen Sühnestein, auch Mordwange genannt. Solche Gedenksteine wurden teilweise nach gerichtlichen Urteilen an der Stelle gesetzt, an der ein Mord geschehen war. Die norddeutschen

Steine waren in der Regel flach, dafür aber sehr hoch und gaben häufig in Inschriften wieder, warum sie aufgestellt worden waren. Darüber hinaus zeigten sie häufig Kreuzigungsszenen, weshalb sie früher auch als Sühnekreuze bezeichnet wurden.

Die Neubrandenburger errichteten das Denkmal genau an der Stelle, an der ihr Bürgermeister im Kampf gefallen war. Die Mordwange war aus Kalkstein gefertigt und an die zwei Meter hoch. Am oberen Teil befanden sich zwei Knäufe, von denen heute nur noch ein Ansatz vorhanden ist. Der untere Teil des Steins existiert nicht mehr. Die Inschrift „Henricus Prillwisse Cons. † 24. Juni 1469" stammt aus dem Jahr 1876. Dabei folgten die Auftraggeber, die wahrscheinlich im Verschönerungsverein um Bürgermeister Wilhelm Ahlers zu suchen sind, einer Modeerscheinung der Renaissance. Auch sie latinisierten, wie die Stifter des Gedenksteines, den Namen Heinrich Prillwitz und fügten

Der Prillwisse-Stein am Zingel in seiner heutigen Gestalt

die lateinische Abkürzung „Cons." hinzu, die für consecrare = weihen steht. Angebracht wurde die Inschrift übrigens auf der Rückseite des Sühnesteins, da man die ursprüngliche Gestaltung nicht weiter zerstören wollte. Damals erkannte man noch ein Rundbogenfries mit einem darunter eingearbeiteten Kruzifix sowie die Worte „anno domini mcclxix die iohannis babtiste ... henricus prillwisse ..." (im Jahre des Herrn 1469 am Tag Johannes des Täufers Johannes Baptist Heinrich Prillwitz). Die lateinische Inschrift erklärt sich aus der humanistischen Bewegung der Renaissance. Sie war Ausdruck für das Bewusstsein, einer neuen Epoche anzugehören, und das Bedürfnis, sich von der Zeit des Mittelalters abzugrenzen, die von Vertretern der neuen Denkrichtung verächtlich abgelehnt wurde. Dem Mittelalter stellten die Humanisten die Antike als schlechthin maßgebliche Norm für alle Lebensbereiche entgegen. Bei der Restaurierung des Prillwisse-Steins

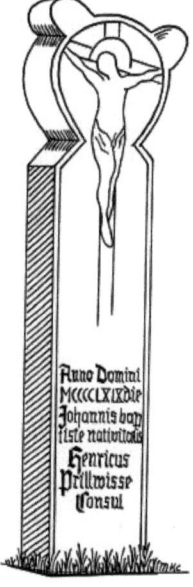

Der Prillwisse-Stein besaß ursprünglich eine andere Gestalt. Er war auch wesentlich größer und anders gestaltet, wie eine Rekonstruktion zeigt.

im Jahr 1876 lehnte man sich bewusst an die ursprüngliche lateinische Gestaltung an.

1610 wurde der Prillwisse-Stein erstmalig vom Chronisten Bernhard Latomus benannt und beschrieben. Bernhard Latomus, eigentlich Steinmetz, wirkte unter anderen als Konrektor der Neubrandenburger Gelehrtenschule, von 1595 bis 1600 und 1604 bis 1613 als Rektor, bevor er nach Parchim wechselte und, kaum angekommen, dort starb. Zwischen 1600 und 1604 war er übrigens Rektor in Neubrandenburgs heutiger Partnerstadt Flensburg.

Der von Latomus beschriebene Prillwisse-Stein musste im Zuge des Chausseebaus um 1830 von seinem ursprünglichen Standort weichen. Seinen heutigen Platz direkt am Zingel erhielt er Ende der 1960er Jahre, als die Vorbereitungen für den Ausbau des Friedrich-Engels-Rings liefen.

Bis zum Beginn des Wiederaufbaus der am Ende des Zweiten Weltkriegs zerstörten Innenstadt trug auch eine jetzt nicht mehr vorhandene Verbindung zwischen dem Friedländer Tor und der Badstüberstraße den Namen Prillwisse-Straße. Im Gegensatz zur Kleinen Fischerstraße, ihrem Pendant am Treptower Tor, wird sie nicht mehr in das Stadtbild zurückkehren. Dafür erinnert im Katharinenviertel die neue Heinrich-Prillwitz-Straße an den früheren Bürgermeister.

4

Torwächtereid

Zu den wertvollsten Beständen des Neubrandenburger Stadtarchivs gehören die kompletten Bürgerbücher von 1679 bis 1918, handschriftliche Ratsprotokolle seit 1729 sowie das bis 1925 geführte Buch der Eide. In ihm ist auch der Eid überliefert, den die Torwächter bei Antritt ihrer Stelle leisten mussten.

Ich N. N. schwere zu Gott einen Cörperlichen Eid
daß ich Bey dem Thorwächter Dienst darzu ich von E.E. Raht
bestellt und angenommen, mich verhalten wolle, als ich
von rechte solle, das Thor Zu rechten Zeit auf und
wieder verschliessen, Keine Zoll- massige wahren
oder Vieh ohne Vorzeig gebührenden Zoll- oder Licent Zettel
ausfahren und durch streichen, lassen, auch nicht verstatten wolle,
daß einiges Last oder Waren ohne Zettel das Thor passiere mag,
daß einiges Holtz von den Wällen, gantz oder sonst
von Verdächtigen Leuten angetragen werde, Im Übrigen auch
des Rahts und insondern des worthabenen H. Bür-
germeister Verordnung jeder Zeit zufor sonst in Acht
nehmen wolle, so wahr mir Gott helfen soll
und sein heiliges Wort.

4

Diesen Eid leistete am 9. Oktober 1683 auch Hans Jürgen Reiner. Er ist damit der erste uns bekannte Wächter des Friedländer Tores. Zwischen 1700 und 1706 versah laut Eintragungen im besagten Buch der Eide ein gewisser Adam Gehr dieses Amt. Am 15. November 1765 wurde Claus Bubbe von diesem Posten im Friedländer Tor auf den gleich gelagerten Posten im Treptower Tor versetzt. Die Stelle von Bubbe nahm der bisherige Visitator (Aufseher) Joachim Friedrich Wilme ein.

Zu DDR-Zeiten gehörte der „Torwächter" aufgrund seines Preises zu den Verkaufsschlagern des Getränkekombinates. Der für viel Katerstimmung sorgende Braune war billiger als billig, ging dafür aber auch in die Literatur ein. In „Nikolaikirche" von Erich Losest, das „Gesöff aus Neubrandenburg, Torwächter", und in „Warten auf Schnee" von Uwe Saeger kann man lesen: „Und danach trinken die Männer Torwächter-Weinbrand und Neubrandenburger Hell, und für die Frauen

Bis 1863 gab es in Neubrandenburg noch die Torsperre. Da wurden nachts die Tore verschlossen.

wird Kirsch-Whisky oder Kaffeelikör ausgeschenkt." Am 9. Juni 1998 ließ der Spirituosenproduzent „Gülden Tor" durch eine Berliner Anwaltskanzlei die Wortmarke „Torwächter" beim Patent- und Markenamt löschen. Der Neubrandenburger Fusel hatte in dem harten Wettbewerb der Handelsketten nicht bestehen können. Aber weil sich Zeiten ändern, scheint der „Torwächter" eine Auferstehung zu feiern. Im Januar 2015 war er grün angehaucht als 27-prozentiger „Kräuterlikör" auf Amazon Marketplace zu finden, eingestellt von „Gülden Tor Neubrandenburg".

Feiert der „Braune" (Weinbrand) als „Grüner" (Kräuterlikör) eine Auferstehung in seiner Geburtsstadt?

Zu Zeiten des Getränkekombinates Neubrandenburg gab es auch einen Bierdeckel mit dem Bild des Friedländer Tores.

Nr.1: 1952, Nr.2: 1980, Nr.3: 1981, Nr.4: 1989.   *Fotos: Bundesarchiv*

Zweifelhafter Heldentod

Den schönsten Tod in dieser Welt stirbt, wer als Held getreu für „gute Sache fällt", heißt es auf einer Gedenktafel an der nördlichen Zwingermauer des Friedländer Tores in unmittelbarer Nähe des Standesamtes. Diese Worte ließen Mitglieder des Verschönerungsvereins auf einen grau-blauen bis anthrazitfarbenen Kalkstein mit dem irreführenden Namen Belgisch Granit meißeln, den sie sehr wahrscheinlich zum 250. Jahrestag der Eroberung der Stadt 1881 anbringen ließen. Initiator der Idee dürfte wie schon bei der Restaurierung des Prillwisse-Steines Bürgermeister Wilhelm Ahlers gewesen sein, der nicht nur Gründungsmitglied des Verschönerungsvereins war, sondern 1872 auch Gründungsvater des Museumsvereins. Ahlers war erfüllt von einem großen Geschichtsbewusstsein und bestrebt, die Erinnerung an historische Ereignisse wach zu halten.

Dem 250. Jahrestag der Tilly-Tieden, der Tilly-Zeiten, verdanken auch die zwischen der Neutorstraße und der Stadtmauer verlaufende Behm- sowie die zwischen dem Polizeipräsidium und der Johanniskirche liegende Pontanusstraße ihre Namen. Erstere erinnert an den jüngsten der damaligen Bürgermeister Erasmus Behme, der sich heute wohl Böhm schreiben würde, der, nachdem er den kaiserlichen Söldnern schon 300 Gulden für sein Leben gezahlt hatte, in seinem eigenen Haus zusammen mit einem Ratsdiener ermordet wurde. Schon mit 16 schrieb sich der Enkel des Bürgermeisters Jacob Krauthof Ostern 1612

Matrikeleintrag der Brüder Erasmus und Petrus Behme,
Enkel des Neubrandenburger Bürgermeisters Jacob Krauthof,
als Studenten vom April 1612 an der Universität Rostock

Sowohl ein Hügel im Nemerower Holz als auch ein darauf errichteter und 1905 eingeweihter Aussichtsturm tragen den Namens „Behmshöhe" und erinnern an den 1631 ermordeten Neubrandenburger Bürgermeisters Erasmus Behme.

zusammen mit seinem Bruder Petrus als Student der Universität Rostock ein. Bürgermeister Behme, nach dem auch noch die Behmshöhe und der später darauf errichtete Aussichtsturm am Tollensesee benannt wurden, war 35 Jahre alt und Vater eines zweieinhalbjährigen Sohnes, der später Ratsherr und Notar werden sollte.

Viel weniger als über Erasmus Behme ist über Erasmus Pontanus bekannt. Es wird angenommen, dass er der Autor eines schon 1631 erschienenen 28 Seiten umfassenden Augenzeugenberichts mit dem

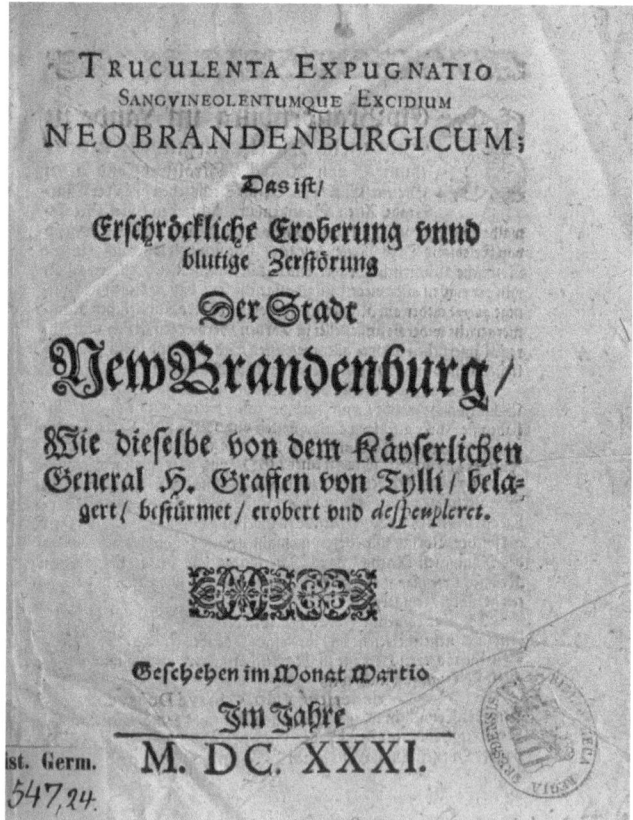

Titelseite des anonymen Augenzeugenberichts von 1631 über die Zerstörung der Stadt durch Tilly, der dem Theologen Erasmus Pontanus zugeschrieben wird

lateinischen Titel „Truculenta Expugnatio Sancvineolentumque Excidium Neo-Brandenburgicum" ist, in dem „ebenso lebendig wie ausführlich" die Belagerung und blutige Eroberung der Stadt geschildert werden. Stadtchronist Franz Boll schreibt, dass man über Pontanus „nichts weiter zu sagen weiß, als daß er ein Mecklenburger Theologe (Neubrandenburger Schulmeister?) gewesen sei."

Möglich ist es, aber bis ins 18. Jahrhundert hinein gab es an der einzigen öffentlichen Schule Neubrandenburgs, die den Namen Lateinische bzw. Gelehrtenschule führte, höchstens drei Lehrer, den Rektor, den Bakkalaureus, auch Subrektor genannt, und den Kantor. Eine der drei sicher nicht sehr hoch dotierten Stellen müsste Pontanus demnach besetzt haben. Bemerkenswert im wahrsten Sinne des Wortes ist jedoch, dass im gleichen Jahr eine aus dem Französischen übersetzte Polemik erschien, in der der Kaiser sowie der Papst, „des Teufels Statthalter", mit Acht und Bann belegt werden. Das Titelblatt verrät, dass die Übersetzung von „Erasmo Pontano Monsteiensi", das heißt also von „Erasmus Pontanus Münster" stammt.

Doch zurück zum Augenzeugenbericht. In dem heißt es über den am Friedländer Tor gefallenen Offizier, „und ob wol Capitäin Pfluch schon zweyers geschossen, und hart blessiret, hat er doch mit einem Schlachtschwerdte sich lange gewehret, und viel aufsteigende Tyllische Soldaten niedergemetzelt biß er auch endlich mit einer Mußqueten-Kugel durch den Kopf geschossen, und todt zur Erden gefallen."

War Kapitän Pflug der Held, den die Neubrandenburger zu Wilhelm Ahlers Zeiten in der zweiten Hälfte des 19. Jahrhunderts in ihm sahen? Sicher haben sie ihm zugutegehalten, dass er auf protestantischer Seite die Stadt gegen katholische Söldner verteidigte. Doch was wussten sie wirklich über den Hauptmann mit deutschem Namen in schwedischen Diensten?

Dr. Volker Warlich aus Volkach in Unterfranken am Main nach soll der Offizier den Namen Nikolaus getragen haben und schon 1622 als Rittmeister im Dienst des Herzogs Christian von Braunschweig-

5

Wolfenbüttel gestanden haben, der als der „tolle Christian", der „wilde Herzog" bzw. „toller Halberstädter" in die Annalen des Dreißigjährigen Krieges einging. In einer 1852 vom Verein für Geschichte und Altertumskunde Westfalens herausgegebenen Zeitschrift heißt es in einem Aufsatz eines Dr. Topphof über die Verwüstung der Stifte Paderborn und Münster in den Jahren 1622/23: „In Delbrück hauste der schrecklichste aller Mordbrenner, der Rittmeister Pflug." Als der am 30. Januar 1622 nach Paderborn kam „verehrte" ihm die Stadt „sogleich 100 Rthlr., um ihn zu einiger Schonung zu bewegen." Vom Paderborner Kanzler Konrad Wippermann, der früher, „als Pflug ein Räuberkorps holländischer Reiter ins Land führte", die Verbannung des damaligen Leutnants aus dem Herzogtum Lüneburg bewirkt hatte, forderte er „als Entschädigung für diese Unbilde 10.000 Rthlr.", von denen der Kanzler trotz Vermittlung beim Herzog Christian 2000 Taler zahlen musste.

So ein Mann soll der heldenmütige Kapitän Pflug gewesen sein, der im Übrigen trotz des fehlenden „von" im Namen kein Bürgerlicher war. Die Pflug(k) sind ein uraltes böhmisches Adelsgeschlecht, dessen Zweige sich auch in der Oberpfalz, Niederbayern, Sachsen, Thüringen und Mecklenburg entwickelten. Zum Geschlecht gehören nicht nur der letzte katholische Bischof von Naumburg, der in Theorie und Praxis der ökumenischen Bewegung 400 Jahre voraus war, sondern auch einer der Ankläger des Finanzberaters des Herzogs Kai Alexander von Württemberg, Joseph Süß-Oppenheimer, der, diffamiert als Jud Süß, in die Literatur und Geschichte einging. Darüber hinaus zählen zur Familie die Brüder Horst und Heinz von Pflug-Hartung, die an der Erschießung von Karl Liebknecht beteiligt waren. Sie waren Nachkommen des Mecklenburger Zweiges.

Familienforscher Hans-Jürgen Pflug aus Adelebsen bei Göttingen, der aus mehr als 20 Archiven bislang Informationen über mehr als 200 Namensträger auf über 8000 Seiten zusammentrug und dafür über 50.000 Schriftstücke digitalisierte, kann den in Neubrandenburg gefallenen Kapitän Pflug allerdings nicht einordnen. Über ihn hat er keine

Informationen in seinem Archiv. Im Gegensatz zu Dr. Volker Warlich aus Volkach geht er aber davon aus, dass der Rittmeister Nikolaus Pflug und der Kapitän Pflug trotz gleichen militärischen Ranges nicht identisch sind. Der Rittmeister soll beim Angriff auf Neubrandenburg schon tot gewesen sein, gefallen in Frankreich. Einen Beweis lieferte er trotz mehrfacher Nachfrage allerdings nicht.

Auf jeden Fall war es ein blutiges Schlachten, das sich im März 1631 vor den Mauern der Stadt und nach ihrer Eroberung innerhalb derselben abspielte. Im zeitgenössischen Augenzeugenbericht, den die Regionalgeschichtsschreibung, wie gesagt, Erasmus Pontanus zuschreibt, heißt es in Bezug auf Pflugs Kampf dann weiter wörtlich: „…: und haben die Tyllische die Königschen Soldaten zwischen zwo enge Mawern getrieben, und dergestalt darunter gemetzschet, daß man ub euben Platz von etwa dreißig oder vierzig Schuch in der Circumferentz begriffen, zweene und neunzig Personen über einander todt hat liegend gefunden, wie man auch bei Begrabung der Erschlagung, zwischen dem Friedlandschen Thore und Zingel, Leiche bei Leiche, abgehawene Feuste, Finger, Füße, Arme, Beine, Hirnschalen und andere menschliche schampffierrdte Glliedmaßen gefunden".

„Dass außer Kniphausen und seiner Familie nur etwa sechzig Schweden von 2000 mit dem Leben davon gekommen seien, ist schwedische Nachricht, die wir mit Bestimmtheit weder bejahen, noch verneinen können", schrieb 1861 der in Ostfriesland geborene deutschösterreichische Schriftsteller und Historiker Onno Klopp im 2. Band seines Buches „Tilly im Dreißigjährigen Krieg". Und wahrlich, die Zahl von nur 60 überlebenden Verteidigern ist auch kaum glaubhaft. Sie ist jedoch keine reine Propaganda, die gebraucht wurde, den Hass auf die Kaiserlichen bei den eigenen Truppen aufrecht zu erhalten und deren Mordlust anzustacheln. Sie ist ebenso Teil eines groß angelegten Betrugssystems. Friedrich Schiller bringt es in „Die Piccolomini", dem zweiten Teil seiner Wallenstein-Trilogie, auf den Punkt: „Der Krieg ernährt den Krieg." Die kriegsführenden Parteien beider Seiten waren bestrebt, immer größere Heere aufzustellen. Sie schlossen Verträge mit Söldnerführern wie den Ostfriesen Dodo Freiherr von Innhausen und zu Knyphausen über die Ausstellung eines Regiments. Als dessen Oberst engagierte dieser Hauptleute, die ihrerseits unter Androhung einer Geldstrafe eine bestimmte Anzahl von Söldnern aufbringen mussten. Die Sollstärke eines Fußregiments lag bei 3000 Mann, eines Reiterregiments bei 1200. Bei den Schweden, die Neubrandenburg verteidigten, waren es 1631 in der Infanterie faktisch zwischen 480 und 1000 Mann, offiziell 1200, und in der Kavallerie zwischen 400 und 580 Mann. Bei den Kaiserlichen, die Neubrandenburg angriffen, sah es zahlenmäßig nicht viel anders aus. Hier umfasste das Fußregiment zwischen 650 und 1100 Mann, das Regiment zu Pferd zwischen 320 und 420 Mann.

Obwohl die wirklichen Stärken deutlich von den Sollstärken abwichen und eigentlich nie erreicht wurden, galten diese als Grundlage für die Bezahlung. Der jährliche Unterhalt eines 3000-Mann-Fußregi-

Dodo Freiherr von Innhausen und zu Knyphausen (1583–1636) hatte 1631 das Kommando bei der Vertei-digung der Stadt gegen den Angriff des kaiserlichen Feldherren Tilly.

OLD GERMAN PRINT

Representing some of the Scots of Mackay's regiment, landed at Stettin, 1630. (*Original in British Museum.*) *Page 65.*

Der Druck des Nürnberger Kupferstechers Georg Köler zeigt die Landung schottischer Söldner des Regiments Mackay 1631 in Stettin. Sie kämpften für den Schwedenkönig Gustav II. Adolph. 600 gehörten im März des gleichen Jahres zu den Verteidigern Neubrandenburgs.

ments wurde mit 400.000 bis 450.000 Gulden, der eines Reiterregi-ments von 1200 Mann mit 260.000 bis 300.000 Gulden angesetzt. Je mehr Soldaten ein Fähnlein, eine Kompanie, ein Regiment hatten, desto mehr Geld gab es für den einzelnen Offizier, der für die Rekru-tierung, Bewaffnung, Kleidung, den Sold und die Verpflegung seiner Söldner verantwortlich war. Es ist klar, dass bei einem solchen System betrogen wurde, wo es nur ging. Dazu wurden Unsummen an der Ver-sorgung mit gepanschtem Mehl, verdorbenem Fleisch, schlechter Klei-dung und billigen Waffen verdient. Beliebt waren die „Papiersöldner". Hier wurden Gestorbene, Gefallene und Deserteure weiter in den Lis-ten geführt, um auch deren Sold und Kostgeld zu kassieren. Bei einer

Musterung wurden dann von anderen Truppenteilen Ersatzleute aus-
geliehen, die eben wie im Flug durchgereicht wurden.

Man darf davon ausgehen, dass die zehn Fähnlein, die Schwedenkönig Gustav II. Adolf als Besatzung in der Stadt ließ, nur auf dem
Papier 2000 Mann umfassten. Wahrscheinlich lag die Zahl bei etwas
mehr als der Hälfte.

Die Truppe, die Neubrandenburg verteidigte, bestand aus dem Regiment Knyphausen, frisch angeworbenen Söldnern aus Norddeutsch-
land, sowie 600 Schotten des Regiments Mac Kay. Die sechs Kampani-
en des aus dem schottischen Hochland stammenden Regiments, die zu
diesem Zeitpunkt vom 27-jährigen Oberstleutnant John Lindsey Laird
of Bainshaw kommandiert wurden, haben, wie die Kompanien Knyp-
hausens, nicht ihre Sollstärke erreicht, die bei ihnen bei 126 Mann, 54
mit Piken ausgerüsteten Soldaten und 72 Musketieren lag. Während
Knyphausen sowohl mit seiner als auch der Kompanie des Kapitän
Pflug das Friedländer Tor verteidigte, hatte sein gefallener Oberstleutnant Dinheimer die Verantwortung am Stargarder Tor. Komman-
deur am Treptower Tor war der Schotte Lindsey, während „der königl.
Oberst T.B. [das Neue Tor] defedirete [verteidigte]", wie dem Pontanus
zugeschriebenen Augenzeugenbericht zu entnehmen ist, der im Übrigen die Zahl der Überlebenden mit 50 Soldaten angibt. Sie wären
„gefänglich gen Stargard gebracht, alle übrige niedergemachet" worden. In den 1637 veröffentlichten Erlebnissen des schottischen Oberst
Robert Monro of Obsdale heißt es bezüglich seiner Landsleute, dass
Oberstleutnant Lindsey und Hauptmann Moncreiffe sowie Leutnant
Keith und Fähnrich Hatton „mit manch tapferen Soldaten an ihrer
Seite im Getümmel niedergehauen" wurden und alle tapfer bis zum
letzten Mann gekämpft hätten, weil die Kaiserlichen ihnen „Quartier",
d. h. das Sich-Ergeben, verweigerten. „Die anderen schottischen Of-
fiziere des Regiments, die in der Stadt waren, wie Hauptmann Ennis,
Hauptmann Gunne, Hauptmann Beaton und Hauptmann Learmond
wurden mit ihren Offizieren und Soldaten größtenteils gefangen ge-

nommen", so Monro wörtlich. Damit stehen die Zahlen von zwei Zeitzeugen im Widerspruch zueinander. Die Erinnerung von Oberst Monro wird auch vom offiziellen Bericht des Neubrandenburger Rates vom 15. Mai 1631 an Herzog Johann Abrecht II. gestützt, in dem von 800 toten Verteidigern gesprochen wird. Der Bericht ist im Landeshauptarchiv Schwerin, Acta cicitatum specialia Neubrandenburg 72: Militaria, zu finden.

In dem Pontanus zugeschriebenen Bericht heißt es weiter, dass auch nur 40 bis 50 Bürger unversehrt geblieben sein sollen. Unter Bezug auf den anonymen Zeitzeugenbericht von 1631 gibt es 1928 in der Halbmonatszeitschrift „Ostmecklenburgische Heimat", die von den „Teterower Nachrichten" herausgegeben wurde, einen Beitrag über zur Eroberung Neubrandenburgs im Dreißigjährigen Krieg. In ihm heißt es: „Von den 300 bis 400 Bürgern, die Neubrandenburg, durch die Drangsale des Krieges schon vorher stark mitgenommen, vor der Erstürmung noch gehabt hatte, waren 164 erschlagen worden, die übrigen verwundet bis auf 40 oder 50, die unbeschädigt davongekommen waren ..."

Drei Tage hatte Tilly, der mit 18.000 Mann auf Neubrandenburg vorgerückt war, der Schotten-Oberst spricht von 22.000 Mann, die Stadt gestürmt. Seine Kanonen hatten über 1000 Kugeln, von 1080 ist die Rede, auf und in die Stadt geschossen. Eindringen konnten seine Söldner über eine Bresche in der Stadtmauer zwischen Neuem Tor und Turmstraße, die bereits am ersten Tag geschlagen, von den Neubrandenburgern und den Verteidigern aber über zwei Tage immer wieder geschlossen werden konnte. Die Tore selbst waren mit Erde und Mist verbarrikadiert worden, sodass der Tross des kaiserlichen Heeres noch einige Tage warten musste, bis er in der Stadt die verschossenen Kugeln aufsammeln und die Kriegsbeute laden konnte.

Das Friedländer Tor, das zusammen mit dem Neuen Tor in der Hauptangriffsrichtung der Kaiserlichen lag, wurde während des

ILLVST.ᴿᵛˢ IOANNES, COM. DE TSERCLAES. DOM. TILLI, BARO. DE MORBAYS, DOM. DE. BALLAST, MONTIG. HOLERS, HEESWYCK. DYNTER. ETC.

Pit. de Iden Sculp: Ant. van Dyck pinxit   Cum privilegio

Johann T'Serclaes Graf von Tilly (1559–1632) war nach der Entmachtung Wallensteins von November 1630 bis zu seinem Tod oberster Heerführer der katholischen Liga als auch des kaiserlichen Aufgebots.

Sturms auf die Stadt übrigens nicht von der Feldseite erobert, sondern von der Stadtseite aus genommen, nachdem die Tillysche Soldateska bereits über die Bresche am Neuen Tor eingedrungen war.

Der Eroberung am 19. März durch Tillys Soldateska war aber bereits am 11. Februar ein schwedischer Angriff auf die Stadt vorausgegangen. „Der König, der um drei Uhr am Nachmittag in Reichweite der Geschütze an die Stadt herangekommen war, stellte uns in Schlachtreihe auf und teilte dann die Posten ein. […] Als wir in die Stellungen einrückten und dabei in die Reichweite der Kanonen der Stadt gerieten, wurden wir mit Geschützen, Wallbüchsen und Musketen begrüßt. In kurzer Zeit zahlten wir den Feinden das, was sie uns

geschickt hatten, mit Zinsen zurück [...]. In unserem Abschnitt lag vor
dem Tor eine kleine Dreieckschanze mit einem ringsum laufenden Was-
sergraben und einer Zugbrücke. Wir überwanden den Graben, der nicht
tief war, stürmten die Schanze und zwangen den Feind, sich hinter die
Wälle der Stadt zurückzuziehen. Da er einen Generalangriff befürchtete,
ließ der Feind unverzüglich unter Trommelschlag ankündigen, dass er
zu verhandeln wünsche, was ihm auch zugestanden wurde", berichtet
Oberst Monro in seinen Erinnerungen sechs Jahre nach den Ereignis-
sen. Letztlich kapitulierten, wie er schreibt, 1700 Kaiserliche, eine andere
Quelle spricht von 600 Mann zu Fuß und drei Reiterkompanien, vor
dem 8000-Mann-Heer der Schweden. Der aus Piacenza stammende
kaiserliche Oberst Franz von Marazzani, der Neubrandenburg aufgab,
verlor wegen dieser Kapitulation sein Regiment und hatte sich in einem
Kriegsgerichtsverfahren zu verantworten. Dodo von Knyphausen hin-
gegen schadete die Niederlage ein paar Wochen später nichts. Er erhielt
von seinem König noch 1631 die Festung Klempenow als Pfandlehen
und ein Jahr später die Beförderung zum Generalfeldmarschall.

360 Jahre nach den Tilly-Tieden, wie man die schrecklichen Tage
im März 1631 über Jahrhunderte nannte, wurden die Neubrandenburger noch einmal an die blutigen Ereignisse erinnert. Im November 1991
wurden beim Ausheben eines Kabelgrabens für die Deutsche Telekom
südlich vom Torcafé menschliche Gebeine entdeckt. Während die Gäste
der Wirtin Manuela Beyer scherzten, sie hätte dort Zechpreller ent-
sorgt, begutachteten Polizisten den Fundort. Nachdem sie festgestellt
hatten, dass sie für dieses Massengrab nicht zuständig wären, wurde
das Regionalmuseum Neubrandenburg hinzugezogen. Ralf Bruse, Harry
Schulz und Rainer Szczesiak führten eine Notbergung durch. Die Skelettreste von insgesamt 13 Personen lagen etwa einen Meter tief in der
Erde. Eine erste Untersuchung in der Rechtsmedizin der Universität
Greifswald ergab, dass es sich nicht um Opfer des Zweiten Weltkrieges handelte. Das bestätigte die Vermutung, ein Soldatengrab aus dem
Dreißigjährigen Krieg gefunden zu haben. Eine genaue Untersu-

5

chung der geborgenen Knochen fand dann 2009 im Rahmen des Forschungsprojektes „Massengrab Wittstock" des Brandenburgischen Landesamtes für Denkmalpflege sowie des Archäologischen Landesmuseums statt, das Erkenntnisse zur Lebenssituation von Söldnern im Dreißigjährigen Krieg bringen sollte. Dabei fand man heraus, dass die Neubrandenburger Toten überwiegend im Alter zwischen 25 und 29 Jahren waren, zwei unter 20 und zwei über 40. Sie wiesen eine hohe Krankheitsbelastung auf. 83 Prozent litten unter einer chronischen Nasennebenhöhlenentzündung. Die poröse Struktur der Knochenoberfläche ließ Rückschlüsse auf einen hohen Parasitenbefall durch Läuse bzw. Ekzeme zu, was wiederum für schlechte hygienische Bedingungen während ihres Lebens als Krieger spricht.

Im November 1991 wurden beim Ausheben eines Kabelgrabens für die Telekom menschliche Gebeine gefunden. Sie wurden als Skelettreste von 13 gefallenen Söldnern identifiziert. Foto: Regionalmuseum Neubrandenburg

38

Da zwischen dem Friedländer und dem Neuen Tor die Hauptangriffsrichtung der kaiserlichen Söldner lag, dürften in dem Bereich auch weitere Massengräber vermutet werden.

Übrigens, 200 Jahre erinnerten die Neubrandenburger mit einem speziellen Buß- und Bettag an die blutigen Geschehnisse. Jährlich am Mittwoch nach Dominica Reminiscere, dem Mittwoch nach dem 2. Fastensonntag, wurde er begangen. Man schloss dafür sogar die Stadttore, damit alle Viertorestädter den Gottesdiensten beiwohnen konnten. 1831 ist der besondere Buß- und Bettag ein letztes Mal in den Neubrandenburger Ratsprotokollen nachgewiesen.

Auf einer aus Kalkstein gefertigten Gedenktafel wird im Zwinger des Friedländer Tores an den „Heldentod" eines Kapitäns Pflug erinnert, der beim Angriff kaiserlicher Söldner hier mit einem Teil der schwedischen Besatzung starb.

*Blick auf den Zingel um 1900. Links davon die Fachwerk-Villa
Pferdemarkt 1, 1877 vom Zimmermann Klinck erbaut und 1902 durch
den großherzoglichen Hoflieferanten Kaufmann Wilhelm Schulz vom
Hoftraiteur (Gastwirt) August Levzow erworben.*

Bild: Sammlung Wolfgang Heintze

Neubrandenburg   Wieckhaus u. Stadtmauer beim Friedländer Tor.

Zwei Blickrichtungen auf die
Stadtseite des Friedländer Tores.
Das linke Bild wurde von der
Ringstraße aufgenommen, wie
das Wiekhaus rechts auf dem Foto
deutlich erkennen lässt. Das andere
Bild wurde von der Prillwissestraße fotografiert. Sie erinnerte bis
1945 an den im Krieg Mecklen-
burgs gegen Pommern 1469 vor
dem Friedländer Tor gefallenen
Bürgermeister Heinrich Prillwisse.
Im April 1945 zerstört, wurde nach
der Beseitigung der Trümmer die
schräg von der Badstüberstraße auf
das Tor zulaufende Prillwissestraße
überbaut und verschwand damit
aus dem Stadtbild.
Bild (1): Sammlung Wolfgang Heintze

NEUBRANDENBURG.   FRIEDLÄNDER TOR.

Zwei Zeichnungen des Friedländer Tores. Sie entstanden nach Postkarten und zeigen beide einen Blick durch das Außentor hinein in den Zwinger. Mehr oder weniger präsent sind die beiden „Torwächterhäuschen", von denen das des heutigen „Torcafés" dem fürstlichen Steuereinnehmer und das heutige Standesamt dem städtischen Tor- und Zingelwärter vorbehalten war.
Bei beiden Motiven ist durch den Durchgang des Innentores ein Blick auf die damalige Eckbebauung der heutigen Friedländer Straße zu erkennen.

Neubrandenburg.   Friedländer Tor.

d. 18. 4. 06.

Lieber mein Karl, wie geht es dir gewesen!

Blick von den Wallanlagen auf das Innentor,   *Bild: Stadtarchiv Neubrandenburg*

Neubrandenburg, Friedländer Thor von aussen mit Zingel.

Blick auf das Außentor, wohl vor 1900. Zu erkennen ist, dass das städtische Torwächter-häuschen zwei Eingangstüren besitzt. War es somit auch Zuhause für Bedürftige?
Bild: Stadtarchiv Neubrandenburg

*Die Kunstpostkarte zeigt die Stadtseite des Friedländer Tores
ohne das heutige Standesamt.*

Auf einer etwa gleichaltrigen anderen Kunstpostkarte
ist das heutige Standesamt als weißer Fachwerkbau zu erkennen.

Neubrandenburg
Friedländer Tor mit Mauerpartie

Blick auf den „Hof" des heutigen „Torcafés";   *Bild: Stadtarchiv Neubrandenburg*

Neubrandenburg

Partie am
Friedländer
Tor

Große Wäsche am Friedländer Tor,   *Bild: Stadtarchiv Neubrandenburg*

Auffallend auf dem um 1900 entstandenen Bild ist die Telegrafenantenne auf dem Dach des Vortores. 1856 wurde in Neubrandenburg im Treptower Tor ein Telegrafenamt eingeweiht.

Der Zwinger des Friedländer Tores ist um 1900 noch nicht gepflastert. Es gibt aber ein „Trottoir", einen Bürgersteig. Dessen Anlage hatte der Rat noch 1893 abgelehnt.

*Dieser Blick von der Ringstraße auf das Friedländer Tor ist auch im
Lyonel-Feininger-Bild „Arch Tower 1" zu erkennen.*
Bild: Sammlung Wolfgang Heintze

Gruss aus Neubrandenburg.

Zingel.

2748

Neubrandenburg
Der Zingel.

Etwa zur gleichen Zeit entstanden diese beiden Aufnahmen des Zingels. Auf der einen ist links vom Zingel deutlich ein Teil des heutigen Friedrich-Engels-Rings, zu erkennen, der ursprünglichen 1.Wallstraße. Sie erhielt am 1. Juni 1906 anlässlich des ersten Besuchs des neuen Großherzogpaares in der Viertorestadt den Namen der Großherzogin Elisabeth. Auf beiden Aufnahmen ist auch der heutige Webasto-Speicher zu sehen, der zwischen 1845 (offizieller Baubeginn) und 1860 im Auftrag des Getreidehändlers Hans Georg Tiedt errichtet wurde.

Die Fachwerkwand rechts vom Zingel dürfte zur heutigen Regenbogen-Villa gehören, die 1867 erbaut wurde.

Bilder: Sammlung Wolfgang Heintze

*Etwa ein Vierteljahrhundert liegt zwischen diesen beiden Bildern. Das obere entstand
1934 und zeigt im Vordergrund einer der drei am Wall erbauten Trinkhallen, dahinter
das ehemalige Hauptzollamt am Schützenwall 7. Die Trinkhallen wurden schon zu
Kaisers Zeiten errichtet, wie eine 1912 gestempelte Postkarte des Friedländer Tores
zeigt. Die am Friedländer Tor überstand den Zweiten Weltkrieg und wurde in den
1950er und 1960er Jahren von der HO, der sozialistischen Handelsorganisation,
genutzt. Die Trinkhallen verschwanden mit dem Ausbau des Friedrich-Engels-Rings
Anfang der 1970er Jahre.*

Bilder: Sammlung Wolfgang Heintze

Blick auf auf das Fundament einer Mauer, die bis zur Hälfte des 19. Jahrhunderts hinein das Vortor mit einer weiteren befestigten Durchfahrt rechts neben dem Zingel verband. Bild: Sammlung Wolfgang Heintze

Während des Wiederaufbaus 1953/54 fuhr auch eine Kleinbahn für den Transport von Baumaterial durch die Friedländer Straße, die anlässlich des Jahrestages der Befreiung am 8. Mai 1955 den Namen Straße der Deutsch-Sowjetischen Freundschaft erhielt, erst nur Straße der Freundschaft genannt wurde und später, wie die untere Ansichtskarte aus dem Jahr 1962 verrät, noch kürzer, DSF-Straße. Nach 1991 wurde es wieder die Friedländer Straße.

Bild oben: Sammlung Wolfgang Heintze

Ansichten der Stadtseite des Friedländer Tores. Bilder: Sammlung Wolfgang Heintze

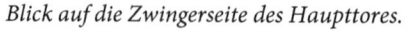

Blick auf die Zwingerseite des Haupttores.   *Bilder (3): Sammlung Wolfgang Heintze*

Neubrandenburg — Friedländer Aussentor

Neubrandenburg. Friedländer Tor (Innenseite)

Das „Standesamt" um 1900, als es Zuhause für bedürftige Neubrandenburger war.
Gebaut worden war es als Torschreiberhäuschen für den Tor- und Zingelwächter.
Bild unten: Sammlung Wolfgang Heintze

Neubrandenburg.   Friedländer Thor.

Verlag Albert Lorentz, Boitzenburg. U.M. No 1953.

Blick auf das von einer Telegrafenantenne „gekrönte" Vortor um 1900
Bild: Stadtarchiv Neubrandenburg

NEUBRANDENBURG   Partie am Friedländer Tor

Blick von den Wallanlagen auf das Friedländer Haupttor, sowohl im Quer-, als auch im Hochformat.

Bild: Sammlung Wolfgang Heintze

NEUBRANDENBURG   FRIEDLÄNDER-TOR

Winter am Friedländer Tor,
am 13. Februar 1978 und
am 1. Februar 1980
        Fotos: Benno Bartocha

Mehr als eine Ansichtssache

Auch wenn ein Bild mehr sagen soll als tausend Worte, zu den Bildern des Friedländer Tores ließe sich wortreich manche Geschichte erzählen. Zum Beispiel die von Caspar David Friedrich. Fast wäre er in Neubrandenburg geboren worden. Doch sein Vater Adolf Gottlob Friedrich verließ 1763 die Viertorestadt, um sich in Greifswald als Seifensieder und Lichtgießer eine Existenz aufzubauen. Zwei Jahre später kehrte er noch einmal nach Neubrandenburg zurück, um mit Sophie Dorothea Bechly die Tochter eines Handwerkers als Braut in die Hansestadt heimzuführen. Wenige Jahre später erblickte Caspar David als sechstes Kind des jungen Paares zum heutigen Segen der Greifswalder dort das Licht der Welt.

Im Gegensatz zu zwei seiner Brüder, die im jungen Mannesalter wieder nach Neubrandenburg zogen und hier beide am 12. September 1801 Mecklenburger Bürger wurden, blieb Caspar David aber ein Pommer. Und trotzdem der Heimatstadt seiner Eltern und Großeltern verbunden. Mehrfach besuchte er seine Verwandten in Neubrandenburg. Der Bruder Johann Samuel hatte am 30. Oktober 1801 Wilhelmine Stoye geheiratet und trat später als Amtsmeister der Schmiede

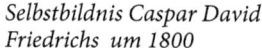

Selbstbildnis Caspar David Friedrichs um 1800

Ernst Theodor Johann Brückner um 1798

die Nachfolge des Großvaters an. Der Bruder Adolph Friedrich hatte wenige Wochen später, am 13. November 1801, mit Margarete Brückner (1772–1820) die Tochter des Pastors Ernst Theodor Johann Brückner (1746–1805) geheiratet, der ein Freund des Dichters und Homer-Übersetzers Johann Heinrich Voß und das einzige auswärtige Mitglied des berühmten Göttinger Hainbundes war.

Bei seinen diversen mehrwöchigen Besuchen, über deren genaue Zahl sich die Friedrich-Forscher noch heute nicht einig sind, griff Caspar David immer wieder zum Stift und zeichnete. Bekannt sind Architekturstudien der Johanniskirche und des Treptower Tores, Skizzen vom 1899 eingestürzten Fangelturm und eine Ansicht des Neuen Tores, aber auch viele Bilder von Eichen, die einst auf dem Neubrandenburger Wall standen und Caspar David Friedrich später als Bausteine

Caspar David Friedrichs um 1835 erstandenes Gemälde „Sonnenaufgang bei Neubrandenburg", auch bekannt als „Brennendes Neubrandenburg"

für verschiedene Gemälde dienten. Neben diesen Studien und einem nach seinem 1819 entstandenen Entwurf 1854 ausgeführten Denkmal für Pastor Franz Christian Boll hinterließ der Maler auch zwei weltberühmte Gemälde Neubrandenburgs. Das eine zeigt Neubrandenburg im Morgennebel und kann im Pommerschen Landesmuseum Greifswald bewundert werden. Das andere präsentiert das brennende Neubrandenburg und gehört zur Sammlung der Hamburger Kunsthalle.

Spannend ist, dass auf diesem Bild unser Friedländer Tor mit seinem Zingel zu sehen ist. Den muss Friedrich bereits gut 30 Jahre zuvor skizziert haben, während eines Aufenthaltes im April 1801 in der Stadt. Es gibt zwar keinen direkten Nachweis für diese Zeichnung, aber das Regionalmuseum bewahrt eine „Ansicht des Friedländer Tores zu Neubrandenburg von der Straße zwischen den Toren aufgenommen

Caspar David Friedrich:
„Kirchenruine in Wiesenlandschaft"

Anna Müller:
„nach einer Skizze von Prof. Friedrich"

zu Anfang des 19. Jahrhunderts" auf, gezeichnet von einem Fräulein Anna Müller „nach einer Skizze von Prof. Friedrich".

Ähnlich ist die Arbeit von Carl Gustav Carus, einem deutschen Arzt, Maler, Naturphilosophen und Freund von Caspar David Friedrich. Er war 1819 in der Viertorestadt und wohnte während dieser Zeit bei Friedrichs Bruder, dem Schmied Johann Samuel, in der Krämerstraße. In seinen Lebenserinnerungen berichtet er darüber. „… mit der gewöhnlichen Post fuhren wir dann über Oranienburg und Fürstenberg nach Neubrandenburg, wo wir nach Friedrichs Anweisung bei seinem Bruder, einem ehrenwerten Meister Schmied, ein paar Tage verweilten. Die ganze dortige Örtlichkeit hat auf mir damals einen tiefen Eindruck hinterlassen, dessen ich mich gern erinnere …

Carl Gustav Carus (1819):
„Blick auf das Friedländer Tor"

Am ersten Tage in Neubrandenburg bestiegen wir den Turm, um von seiner Galerie aus das weite flachhügelige Land und die glänzende Fläche des Tollensesees zu überblicken, und abends zeichnete ich das schöne Treptower Tor mit seinen stattlichen Zinnen. Am zweiten Tag wanderten wir hinaus an den breiten, umbuschten See, begrüßten bei der Krappmühle die ersten Hünengräber, und dann wurde das Friedländer Tor gezeichnet."

Carus stand beim Zeichnen des Friedländer Tores und seines Zingels auf dem Wall mit Blickrichtung von der heutigen Turmstraße aus. Er hielt das Ensemble mit dem halb verfallenen Zingel, seinem Treppenturm, dem Fachwerkhäuschen und Torbogen fest, wie auch die Giebelseite des Vortores und das Fachwerkhäuschen des Torschreibers, das heutige Torcafé. Aufbewahrt wird seine Reiseerinnerung im Kupferstichkabinett in Dresden.

Mit Hilfe dieser Zeichnung ist es möglich, die nach 1835 entstandene Sepia Friedrichs „Kirchenruine in Wiesenlandschaft" zu identifizieren, wie der Publizist und Unternehmensberater Detlef Stapf, langjähriger Chef des „Nordkurier"-Feuilletons, 2014 in seinem Projektbuch „Caspar David Friedrichs verborgene Landschaften. Die

Blick auf das Friedländer Tor vor seiner Restaurierung um 1845, bei der die Verbindungsmauern zum Zingel abgebrochen wurden

Neubrandenburger Kontexte" schreibt. Sie zeigt den immer noch vom Beschuss während des Dreißigjährigen Krieges in Mitleidenschaft gezogenen Zingel des Friedländer Tores, verbunden mit einem Torbogen und einem Treppenturm sowie einer Fachwerkhütte im halbrunden Innenraum des Bollwerks. Die mittelalterlichen Wehranlagen wurden erst nach 1844 instand gesetzt. Im Zuge der Reparaturen wurden der Treppenturm, der Torbogen und die Fachwerkhütte abgerissen.

Dass Treppenturm und Torbogen am Zingel wirklich erst zur Mitte des 19. Jahrhunderts abgerissen wurden, belegen zwei andere künstlerische Ansichten. Zwischen 1842 und 1845 erschienen in der Hof-Steindruckerei von Johann Gottfried Tiedemann in Rostock 32 Hefte mit 100 farbigen Ansichten aus Mecklenburg, geschichtlich kommentiert von Georg Christian Friedrich Lisch. Die Lithographie des Friedländer Tores, übrigens mit dem Stargarder Tor auf einem Bogen gedruckt, zeigt am rechten Bildrand deutlich den noch vorhandenen Treppenturm.

Julius Gottheil (1810–1868), Blick auf das Friedländer Tor (wohl nach 1850)

Wenige Jahre später steht der Zingel als Single vor dem Friedländer Tor, wie man auf einem Stahlstich von Johann Gabriel Friedrich Poppel sehen kann.

Poppel, 1807 in Hammer bei Nürnberg geboren und 1882 in Ammerland am Starnberger See verstorben, fertigte nach Zeichnungen von Julius Gottheil (1810–1868) 60 Stahlstiche mit Ansichten aus den Großherzogtümern Mecklenburg-Schwerin und Mecklenburg-Strelitz, die 1855 in Hamburg von Benjamin Samuel Berendsohn als Mecklenburgisches Album herausgegeben und verlegt wurden.

Etwa um die gleiche Zeit erschien im Verlag von G. Bernasconi Neustrelitz ein 45 mal 56 Zentimeter großes, im Königlich Lithographischen Institut zu Berlin produziertes Souvenirblatt mit 21 Lithographien, die Friedrich Julius Tempeltei (1802–1870) nach Zeichnungen des Neubrandenburger Malers und späteren Stifters der städtischen Kunstsammlung Henry Stoll (1822–1890) gefertigt hatte. Vielleicht war der als Sohn eines Schlachters geborene Stoll, der seine Ausbildung an der Kunstakademie in Berlin erhalten haben soll, ein Schüler von Tempeltei, der 1844 zum außerordentlichen Mitglied der Akademie in Berlin ernannt wurde. Tempeltei war bekannt als ausgezeichneter Lithograph. Der Lithographie widmete er die meiste Zeit seines künstlerischen Schaffens.

Da Stolls Vorlagen, darunter zwei Ansichten des Friedländer Tores, einen sehr aufgeräumten Zingel ohne Treppenturm und Mauerbogen zeigen, dürften sie, wie Julius Gottheils Vorlage, für den Stahlstecher Poppel um 1850 entstanden sein.

Gut 40 Jahre später zeichnete eine Engländerin das Friedländer Tor. Julie Harriet Doughty befand sich mit einer Schwester, ihrem Vater, Charles Montagu Doughty, Herr auf Theberton Hall in Suffolk, einem Skipper sowie drei Mann Besatzung, zu der natürlich ein Butler gehörte, der auch gleichzeitig die Aufgaben eines Kochs und

Lithographien von Julius Friedrich Tempeltei (1802–1870) nach Zeichnungen des Neubrandenburger Malers Henry Stoll (1822–1890), herausgegeben von G. Bernasconi, Neustrelitz, 1850

Stewards versah, auf großer Fahrt durch wendisches Land. Während ihrer Reise, hauptsächlich mit der 53 Fuß langen Jolle „Gipsy", aber auch mit der Eisenbahn bzw. im Pferdeomnibus auf neu angelegten Mecklenburger Kunststraßen, sprich Chausseen, besuchte die Familie auch Neubrandenburg. Am 26. August 1891 trugen sich die drei in das Besucherbuch des Neubrandenburger Museums ein, dessen Domizil, das Treptower Tor, ebenso im Skizzenbuch festgehalten und später als Federzeichnung ausgeführt wurde wie das des Neuen Tores oder das des Friedländer Tores.

Ebenso akribisch wie Julie Harriet Doughtys Arbeit, die von außen in das Friedländer Tor hineinblickte, wirkt die Radierung eines Künstlers, von dem das Internet noch nicht einmal den Vornamen kennt. Welin hieß der Mann – dass es einer war, darf man angesichts der Fülle von Arbeiten und dem damit verbundenen Reisepensum annehmen. Er war für den Oldenburger Kunst-Verlag Simonsen tätig, der am 1. November 1899 durch die Übernahme des Fotogeschäftes Christensen durch Julius Simonsen ins Leben gerufen worden war. Er erkannte die durch den wachsenden Fremdenverkehr gebotene Gunst der Stunde und versuchte den ständig wachsenden Bedarf an Ansichts- und Künstlerpostkarten zu befriedigen. Im Auftrag von Simonsen bereiste der Grafiker Welin erst den Nordwesten und Nordosten Deutschlands, bevor er später auch den Harz, Thüringen und den Schwarzwald für seine Geschäfte entdeckte. 1906 erschien bei Simonsen in Oldenburg eine Mappe mit zehn Neubrandenburger Radierungen Welins, von denen eine auch den Blick aus dem Friedländer Tor hinaus auf den Zingel zeigt.

Kaum wiederzuerkennen ist das Friedländer Tor auf einem Ölgemälde des weltbekannten amerikanischen Künstlers Lyonel Feininger. Feininger, 1871 in New York geboren, überquerte 1887 den Atlantik, um in Leipzig Geige zu studieren. Doch kaum in Hamburg den Fuß an Land gesetzt, entschied der 16-Jährige sich für ein Malereistudium in Berlin.

Radierung von Welin, herausgegeben 1906 vom Verlag Julius Simonsen, Oldenburg

71

Julie Harriet Doughty (1891)   *Lyonel Feininger: „Arch Tower 1"*

Zum Glück, dürfte man heute sagen, denn 1919 als „Meister für Formenlehre" an das Bauhaus berufen, reiste der Künstler auch etliche Male nach Mecklenburg. Regelrecht verliebt hatte er sich in die Kleinstadt Ribnitz, deren Rostocker Tor er 1912 als Kaltnadelradierung und 1920 als Holzschnitt zeichnete und deren Stadtbild er bereits 1905 als Szenerie für einen Comic verwandte. Für den Sommer 1922 ist auch ein Aufenthalt Feiningers in Neubrandenburg nachgewiesen. Und hier beeindruckten den Maler besonders die vier gotischen Stadttore. Als „Arch Tower" findet man die zwischen 1923 und 1926 entstandenen Ölgemälde auf Leinwand in seinem Werk und vor allem als Kunstdruck im Handel. Es sind Meisterwerke des Kubismus. Während vor allem der „Torturm I" reproduziert wurde, bei dem es schwer fällt, die originale Torvorlage zu erkennen, findet man den Druck vom Friedländer Tor nur sehr selten.

In den 1970er Jahren ergriffen die Künstler nicht nur geistigen Besitz vom Friedländer Tor, sondern auch materiellen. Der VEB Kunst, wie man das 1969 zur Planung und Leitung des Bereiches Bildende Kunst und das zur Durchsetzung der staatlichen Auftragspolitik geschaffene Zentrum Bildende Kunst (ZBK) auch nennen kann, hielt 1976 Einzug in das Baudenkmal. Bereits kurz nach Gründung des ZBK hatte der Rat des Bezirkes den Beschluss gefasst, die Toranlage zu rekonstruieren und sie nach Fertigstellung dem Kunstbetrieb zu übergeben. Das Projekt dafür erarbeitete der Neubrandenburger Architekt Joseph Walter, der dafür übrigens im Architekturwettbewerb der DDR 1977 mit einer Anerkennung ausgezeichnet wurde.

Nach siebenjähriger Bauzeit zogen in das Haupttor eine Ausstellungsgalerie und ein kleiner Klubraum ein, in das nördliche Torwächterhaus eine Verkaufsgalerie und Arbeitsräume für den Verband Bildender Künstler. Als Büro wurde das Vortor genutzt, während das südliche Torwächterhaus mit dem „Torcafé" eine gastronomische Nutzung erfuhr. Das aber war wohl nicht ganz im Sinne der ZBK-Leitung. „Es wäre sehr schön, wenn sich diese gastronomische Einrichtung in der Zukunft auch noch in anderer Hinsicht besser in das Gesamtanliegen des Friedländer Tores einbeziehen ließe und zu einem traditionellen Treffpunkt für alle Künstler und Kunstinteressierten würde", schrieb 1978 Dr. Ruth Crepon in einem Beitrag des Neubrandenburger Mosaiks zum bevorstehenden 10. Geburtstag des Zentrums Bildende Kunst.

Inzwischen ist das Zentrum Bildende Kunst auch schon seit Jahren Geschichte. In den großen Torturm wurde seit Jahren zu keiner großen Kunstausstellung mehr eingeladen. In die Verkaufsgalerie zog erst die Galeristin Beate Remest mit ihrer Galerie „Friedländer Tor" sowie ihrem Geschäft Bild & Rahmen, das unter anderem eine beachtliche Zahl alter und neuer Neubrandenburger Stadtansichten, darunter auch vom Friedländer Tor, anbot, dann 2012 das Neubrandenburger Standesamt unter Leitung von Andreas Beck.

Keramik von Barbara Löffler aus dem Zentrum Bildende Kunst (ZBK)

Das „Keramikfenster" im „Torcafé"

Künstlerisch überdauert hat das Friedländer Tor auf einer zu ZBK-Zeiten entstandenen Druckgrafik von Joachim Lautenschläger. „Gedanken am Friedländer Tor" nannte er die ausdrucksstarke Tuschätzung (Aquatinta), die 1982 von der Stadt- und Bezirksbibliothek sowie der Neubrandenburg-Information in einer 60-seitigen Broschüre mit dem Titel „Neubrandenburger Stadtansichten" veröffentlicht wurde. Darüber hinaus zeichnete der Maler, Grafiker, Karikaturist und Plakatkünstler Arno Fleischer (1926–2007) das Friedländer Tor von der Stadtseite her als ein Motiv einer Grafikmappe, die noch häufiger im Internet zu einen bezahlbaren Preis angeboten wird. Aber auch von der künstlerischen Keramik, die im Auftrag des Zentrums Bildende Kunst geschaffen wurde, blieb eine Erinnerungsspur. Von Barbara Löffler einst zur Ausgestaltung des Torcafés geschaffene Schmuckgefäße wurden bei der Privatisierung der HO-Gaststätte durch die Gastronomin Manuela Beyer erworben und so vor einer Vernichtung bewahrt. Die Keramiken schmücken noch heute das beliebte „Torcafé".

Die jüngsten künstlerischen Ansichten vom Friedländer Tor dürften die Veduten [veduta = italienisch für Ansicht] von Kjeld Heinze aus Klink bei Waren sein. Der 1972 geborene Künstler arbeitet zwischen 50 und 80 Stunden an einer detailgetreuen Vedute, bei einem Backsteingebäude teilweise noch länger. Im Original sind die Schwarzweiß-Bleistiftzeichnungen, die fotorealistisch daher kommen, etwa 20 mal 30 Zentimeter groß. Die historische Malweise Heinzes lässt die Gegenwart im Modus der Vergangenheit erscheinen. Für Brautpaare dürfte eine Vedute des Friedländer Tores, von dem der Künstler verschiedene Ansichten im Angebot hat, als Kunstdruck oder Original eine bleibende Erinnerung an die Hochzeit sein. (https://veduten.wordpress.com/)

Blick auf das Friedländer Tor mit seinem Standesamt,
Vedute von Kjeld Heinze aus Klink bei Waren

75

Neubrandenburg. Friedländer-Thor.

1248 - 1948

Zur 700-Jahr-Feier Neubrandenburgs 1948 entstand diese Postkarte vom
Friedländer Tor unter Verwendung einer Federzeichnung des Malers Joseph
Alterdinger (1874–1934).   Bild: Sammlung Wolfgang Heintze

Vierfachmord im Gasthaus „Zum halben Mond"

Es gibt wohl kaum einen Kriminalfall der Neubrandenburger Geschichte, der so gut dokumentiert ist wie ein vierfacher Mord im Jahr 1770 und die darauf folgende letzte öffentliche Hinrichtung der Delinquentin. In der Schriftensammlung des Regionalmuseums findet sich eine umfangreiche Akte mit der exakten Aufzeichnung des Falles von der Entdeckung des Verbrechens über die Spurensicherung, die Verfolgung der Täterin und ihre Festsetzung, die Verhöre, das Gerichtsverfahren mit Anklage und Verteidigung sowie die grausame Prozedur der Strafvollstreckung. Der Fall wurde Mitte des 19. Jahrhunderts vom späteren Bürgermeister Wilhelm Ahlers aufgearbeitet und an die Redaktion des „Neuen Pitaval" geschickt. Die veröffentlichte die Geschichte der Christiane Dorothea Eleonora Götterich 1863 im 33. Band der „Sammlung der interessantesten Kriminalgeschichten aller Länder aus älterer und jüngerer Zeit". 2003 gelang es dem Neubrandenburger Historiker Peter Maubach den Fall auf Basis dieser Schriftstücke umfassend zu dokumentieren und kommentieren.

Was war geschehen?

In der Nacht vom 22. auf den 23. Oktober 1770 wurden in einem Gartenhaus vor dem Friedländer Tor die Leichen der Witwe Hoffmann und ihrer drei Kinder, zehn, vier und eineinhalb Jahre alt, gefunden. Man hatte die Frau, ihre zwei Söhne und die Tochter brutal mit einer

Axt bzw. einem Beil erschlagen. Schnell verdächtigten die Ermittler eine Frau. Ein Steckbrief wurde am 25. Oktober gefertigt und versandt. Bereits am 29. Oktober konnte der Anklamer Rat die Verhaftung der Verdächtigen nach Neubrandenburg melden. Bereits beim ersten Verhör in Anklam gab sie eine Tatbeteiligung zu, versuchte die Tat selbst aber zwei Männern anzulasten. Am 31. Oktober gestand die 40-jährige Frau eines Soldaten in Neubrandenburg bei peinlicher Befragung, das heißt, unter Folter, den Vierfachmord.

Im Gerichtsverfahren wurde sie zum Tode verurteilt. Sie sollte aber nicht gehenkt oder mit dem Schwert geköpft, sondern aufs Rad geflochten und mit einem zweiten Rad vom Leben zu Tode gebracht werden.

Die Hinrichtung fand am 19. Dezember 1770 statt. Und an diesem Tag verlief die Exekution anders als sonst. Üblicherweise wurden die Todeskandidaten durch das Neue Tor zum Galgenberg geführt. Diesmal „aber ward eine Veränderung gemacht und die arme Sünderin aus dem Friedländschen Thor geführet, damit sie bey dem Hause, worin der Mord geschehen war vorbey zu gehen, und sich zur Beugung ihres Herzens der begangenen That zu erinnern Gelegenheit haben möchte, welcher sie sich auch und der maße bedienet, daß sie in der Gegend des Hauses auf die Knie niedergefallen ist, ihr Verbrechen nochmahlen öffentlich bekannt, und ihre reue bezeuget hat", heißt es in der Museumsakte.

Zu lesen ist dort auch, dass aufgrund der schlechten Wegeverhältnisse ein Wagen für die Herren Pastoren vor dem Friedländer Tor hielt und sie sich desselben bedienten, um damit bis zu den Scheunen zu fahren. Außerdem erfährt man, dass während der Hinrichtung das Treptower und Stargarder Tor geschlossen, nur das Neue und Friedländer Tor geöffnet waren, die Altermänner der Zünfte in der Stadt verbleiben und durch die Straßen patrouillieren mussten, man Herrn Hauptmann von Kahlten ersucht hatte, die wenigen Soldaten seiner kleinen Garnison ebenfalls patrouillieren zu lassen, und man die

Vor dem Friedländer Tor, hier ein zwischen 1842 und 1845 veröffentlichter Stahlstich von Johann Gabriel Friedrich Poppel (1807–1882), befand sich das Wirtshaus „Zum halben Mond".

Hauptwache für diesen Tag in das Friedländer Tor verlegt hatte, „welche bey Anlangung der Maleficantin unter der Begleitung der Schützen-Zunft ins Gewehr getreten" war.

Die Hinrichtung selbst war ein schauriger Akt erster Güte. Der junge Henker Mühlhausen brach ihr mit dem Rad erst die Beine und Arme. Dann folgten Radstöße auf die Brust. Da aber die üblichen fünf bis sechs Stöße nicht zum Erfolg, das heißt, nicht zum Blutfluss führten und dem Henker auch die Kraft verloren ging, sollten nun die Genickstöße ausgeführt werden. Dort traf der Henker aber nicht den Punkt. Mit fünf bis sechs Stößen wurde ihr der Rücken gebrochen und noch immer lebte die Götterich, sodass man die Prozedur nun mehrfach auf Bauch und Nacken wiederholte. Doch es war, als wollte sie nicht sterben. Weil sie bei ihrer Hinrichtung mehr Schmerzen erleiden musste, als das Urteil vorsah, folgten die Ratsherren Fischer und Wulffleff dem

7

Vorschlag des Arztes Doktor Hempel, ihr einen Nagel in den Kopf treiben zu lassen. Das tat der Henker, doch die Götterich überlebte auch diese Tortur. Wieder versuchte es Henker Mühlhausen mit Radstößen auf Brust und Nacken und als alle dachten, sie hätte ihr Leben ausgehaucht, öffnete die Mörderin erneut ihre Augen. Nach Konsultation des Arztes wurde jetzt der Nagel so tief in den Kopf getrieben, „daß die Spitze unter dem Kinne nahe der Gurgel hervorkam." Und nun ging es mit der Frau wirklich zu Ende.

Die Altermänner der Zimmermannszunft verdienten an dem grausamen Schauspiel übrigens 70 bis 80 Reichstaler. Sie hatten am Galgenberg unterhalb der Oststadt eine Tribüne für 700 bis 800 Menschen gebaut, um die Schaulust der Bürger zu befriedigen, die übrigens bei Androhung von fünf Reichstalern Strafe zur Hinrichtung befohlen worden waren.

Nach der Hinrichtung von Dorothea Götterich schaffte Herzog Adolf Friedrich IV. (Dörchläuchting) übrigens die Folter als traditionelles Mittel der gerichtlichen Beweisaufnahme in seinen Landen ab.

Beim Haus der Witwe Hoffmann handelte es sich um ein kleines Gartenhaus, das seinen Standort im Bereich des heutigen Cinestar-Kinos hatte. In einem Garten zog sie Gemüse. Im Stall hielt sie ein Schwein, um sich und ihre drei Kinder durchzubringen, nachdem ihr Mann, der auf der Papiermühle gearbeitet hatte, bei einem Unfall tödlich verunglückt war. An Markttagen schenkte die Hoffmann auch Branntwein aus und wenn Reisende, die nach Torschluss die Stadt erreichten, keine Aufnahme mehr in deren Mauern fanden, gab sie dem einen oder anderen gegen Entgelt auch Herberge.

Nach dem Vierfachmord erwarb der Musketier Lexow das Gartenhaus, um dort weiter eine Schankwirtschaft zu betreiben. Zur Werbung ließ er ein Herbergsschild anfertigen und gab seiner Wirtschaft den Namen „Zum halben Mond". Der Neubrandenburger Magistrat verbot jedoch das Betreiben der Herberge und Lexow beschwerte sich bei der Landesregierung. In dem aus Neustrelitz angeforderten Bericht begründete der Rat sein Vorgehen mit der schrecklichen Bluttat und der Tatsache, dass „der Pöbel" dem Haus schon den Namen „Mörderkrug" verpasst hätte. Die herzogliche Landesregierung bestätigte die Entscheidung. Lexow wurde das Betreiben der Herberge ein für allemal verboten. Der Rat zog das Herbergsschild ein, das übrigens heute noch zu den Exponaten des Regionalmuseums gehört.

Später gab es jedoch in dem Haus wieder eine Schankwirtschaft. 1833/34 betrieb sie Schenkwirt Voß, von dem sie 1835 bis 1839 Schenkwirt Moncke übernahm. Von 1840 bis 1860 war ein Bäcker Boll als Gastwirt dort genannt, 1863 ein Gastwirt C. Lisch. Nach Aufhebung der Torsperre im Jahr 1863 scheint die Gastwirtschaft sich schnell überlebt zu haben. Jetzt konnten Reisende Tag und Nacht um Unterkunft in der Stadt nachsuchen.

Wirtshausschild „Zum halben Mond", 1771
Foto: Regionalmuseum Neubrandenburg

N. 12.

Erste Seite des Vernehmungsprotokolls von Christiane Dorothea Eleonora Götterich
Foto: Regionalmuseum Neubrandenburg

8

Der Spuk des wilden Ebers

Gut 150 Jahre ist es her, dass der in Röbel geborene Albrecht Nieder-
höffer zwischen 1858 und 1862 ein vierbändiges Werk mit Mecklenburger Volkssagen veröffentlichte. Gemeinsam mit seiner Frau trug er
unter Mitarbeit zahlreicher Kapazitäten der mecklenburgischen Geschichte und Volkskunde insgesamt 355 Sagen zusammen. 28 davon
steuerte sein Neubrandenburger Gewährsmann F.C.W. Jacoby, ein Lehrer, bei. Darunter befand sich auch die vom Spuk am Friedländer Tor.

„Vor noch etwa 50 Jahren war es um die Mitternachtsstunde bei dem
Friedländer Thor in Neu-Brandenburg nicht geheuer. Die Nachtwächter
selbst wagten sich nicht heran und so entbehrten die Umwohner des
Thores um diese Stunde ihrer nächtlichen Signale, des sogenannten
Tutens und Knarrens.

Vor und nach Mitternacht konnte Jeder das Thor passieren, unge-
fährdet und in seiner Nähe umher gehen und dann kamen auch die
Nachtwächter dahin. In der Mitternachtsstunde zeigte sich bald eine
weiße Gestalt, die Jedem, der sich zu nähern wagte, die Arme dro-
hend entgegenstreckte; bald ein schwarzes Ungeheuer, nach Einigen in
der Gestalt eines riesigen Ebers, das namentlich zwischen dem außern
und innern Friedländer Thor sein Wesen trieb. Oft vernahmen die in
der Nähe wohnenden Leute in der Mitternachtsstunde vom Thore her

ängstliches Stöhnen, ein eigenthümliches Sausen und Schwirren und was der unerklärlichen Laute sonst noch war.

Das war schon so fort gegangen und Keiner wagte es, dem mitternächtlichen Treiben auf die Spur zu kommen und ihm ein Ende zu machen. Da verrühmte sich der damalige Stadtjäger G., er wolle um die bezeichnete Stunde sich den Durchgang durch die beiden Thore erzwingen, er fürchte sich vor keinem Gespenst oder Teufel und wolle es schon mit Jedem aufnehmen.

Und so unternahm er in einer Nacht den gefährlichen Gang vom außern Thor aus; aber am andern Morgen fand man ihn in der Mitte des Weges todt liegen, er hatte das innere Thor nicht erreicht. Von dieser Zeit an hat man dort aber nie wieder von einem mitternächtlichen Spuk gehört."

Die Spukgeschichte griff auch Neubrandenburgs Bürgermeister Wilhelm Ahlers auf, der 1876/1877 im Bildungsverein eine Vortragsreihe zu den Neubrandenburger Sagen hielt. Bei ihm trägt die Geschichte die Überschrift „Vom alten Stadtjäger" und Ahlers erzählte sie seinen Zuhörern wesentlich dramatischer, wie die Beschreibung der Todesnacht belegt. „Und man hörte den Sturm und das Fluchen des alten Jägers zwischen den Thoren, zugleich aber auch wilder u. heftiger, als je, das Geschnauf u. das Grunzen des Ebers; man vernahm einen Schuß, dann ein gräßliches Stöhnen und Röcheln; u. gleich darauf ward es still; der Mond trat hell und leuchtend aus der dunklen Wolke hervor, u. der Sturm verstummte." Ahlers Erzählung nach fand man am anderen Morgen die Leiche des alten Jägers mit schmerzlich verzerrtem Gesicht, aber in den krampfhaft erstarrten Händen auch einige blutige Borsten des Ebers.

Interessant ist im Zusammenhang mit der Spuksage vom Friedländer Tor die von Wilhelm Ahlers aufgeworfene Frage, ob dieser „wilde Eber" nicht identisch sei mit dem wilden Eber, der, einer anderen Sage nach, einst auf der Flucht vor seinen Jägern in die Marienkirche gestürmt sein und beim Anblick des Altars ganz sanft geworden sein soll.

Der Historiker Peter Maubach, der sich 2004 mit den sagenhaften Vorträgen des alten Bürgermeisters beschäftigte, zitiert im Zusammengang mit diesen beiden unterschiedlichen Eber-Geschichten aus Ahlers Unterlagen. Darin ist die Rede von einer weiteren Eber-Sage, die zwar geografisch nicht ausdrücklich in Neubrandenburg angesiedelt ist, hier aber ihre Wurzeln hat. Sofern man der allgemein vertretenen Auffassung folgt, dass sich das slawische Heiligtum Rethra einst am südlichen Ende des Tollensesees bzw. im Bereich der mit ihm verbundenen Lieps befand. Ahlers verweist auf die zwischen 1012 und 1018 geschriebene Chronik des Bischhofs Thietmar von Merseburg, wo die Sage im Zusammenhang mit dem Orakelkult von Rethra zu finden ist.

„Auch behauptet derselbe durch mannigfache Irrtümer betrogene alte Glaube, wenn etwa der Ausbruch eines bedeutenden inneren Krieges mit seinen wilden Schrecken drohte, daß dann aus dem erwähnten See ein mächtiger Eber mit weißem, von Schaum umgebenen Hauern hervorbreche, und vor den Augen der Menge, die furchtbaren Glieder schüttelnd, im schlammigen Wohle sich ergötzte."

Bei Nonnenhof liegt übrigens der Bacherswall, eine ehemalige slawische Fluchtburg, angelegt im 7. Jahrhundert. Ihr Name geht vermutlich auf das Wort Bacher zurück, eine ältere Bezeichnung für ein junges männliches Wildschwein. In Kriegszeiten diente die Burg der um den See siedelnden Bevölkerung als Zufluchtsstätte. Ihre Blütezeit lag, wie archäologische Fundstücke belegen, in der zweiten Hälfte des 8. Jahrhunderts.

Die Spuk-Geschichte vom Eber am Friedländer Tor findet man übrigens auch stark gekürzt in einer 1973 von der Neustrelitzer Heimatforscherin Annalise Wagner herausgegebenen Sammlung mecklenburgischer Heimatsagen von Drachentötern, Räubern und Wiedergängern. Bei der Neustrelitzer Ehrenbürgerin ist der Stadtjäger übrigens ein stattlicher, kräftiger Mann von 45 Jahren, der wohl Gottesfurcht hatte, aber keine

8

Angst vor dem Teufel. Bei Ahlers, hier sei der „Allgemeine Mecklenburger Anzeiger" vom 8. Dezember 1876 zitiert, der über den Sagenvortrag berichtete, war es „die Sage vom alten gottlosen Jäger am Friedländer Thore, der es gewagt, dem nächtlichen Spuk des wilden Ebers entgegenzutreten, und diesen Vorwitz mit dem Leben bezahlt hatte".

Bürgermeister Wilhelm Ahlers warf im 19. Jahrhundert die Frage auf, ob der spukende Eber vom Friedländer Tor identisch sei mit dem wilden Eber, der einer anderen Sage zufolge in die Marienkirche stürmte und an den bis 1945 dieser Kopf am Südausgang des Gotteshauses erinnerte.

Aus alten Ratsprotokollen

In den handschriftlich erhaltenen Neubrandenburger Ratsprotokollen finden sich in verschiedenen Jahrgängen Vorgänge, die das Friedländer Tor und seine unmittelbare Umgebung betreffen. Eine Auswahl macht deutlich, mit welchen kleinen und großen Problemen sich die „Ehrsamen Repräsentanten", wie die Ratsmitglieder damals hießen, auseinander setzen mussten. Um den Zeiteindruck zu wahren, wurden die Protokolleinträge nur mit in Klammern gesetzten Wortübersetzungen bzw. Erklärungen versehen.

1826

Nr. 92. Die bei dem Lumpensammler Wulff auf dem Friedländer Thor sich aufhaltende so genannte Lüdemann Schulz habe um die Reichung freier Medizin zur Heilung ihres Fußschadens gebeten.
Concl. [Beschluss]
daß in Erwägung ihrer hülfsbedürftigen Lage ihr einstweilen freie Medizin bis auf den Betrag von 1 rt P. C. [Reichstaler preußischen Courants, d. h. ein Silbertaler] zu dem gedachten Zwecke zugestanden sein solle.

1889

Nr. 318. Auch mit der Vorlage wegen Wegnahme der Pappeln vor dem Friedländer Thor am Wege nach den Scheunen, wegen Verlängerung der Überwölbung des Canals, sowie wegen Verbreiterung des Weges u. Herstellung eines Banketts hätten die E R. [Ehrsamen Repräsentanten] sich einverstanden erklärt.
Concl. [Beschluss]
Die Kämmerei-Verwaltung ist mit der Ausführung der Arbeiten betraut, die weitere Überwölbung des Canals soll Mmstr. [Maurermeister] Ringel übertragen werden. Auch die projectmäßige Herstellung des Platzes hinter den Zingel mit Beseitigung des Lattenzaunes u. des verwilderten Gestrüpps mit Versetzung des Prillwisse-Denkmals wird der Cäm. Verw. [Kämmereiverwaltung] übertragen.

Die Feldseite des Zwingers um 1885.   Foto: Regionalmuseum Neubrandenburg

1890

Nr. 195. Passa ist erteilt zur Cämmereikasse: auf 109,53 M Däm-
mungskosten vor dem Friedländer Thor für den Dämmer Koch.

1893

Nr. 536. Die Herstellung eines Trottoirs zwischen dem äußeren
u. dem eisernen Friedländer Thor hätten die E. R. [Ehrsamen
Repräsentanten] abgelehnt.

Beschluss
Die Angelegenheit ist in der nächsten Sitzung der Trottoir Com-
mission zur Vorlage zu bringen.

1894

Nr. 250. Die Trottoir Commission habe empfohlen, ein Trottoir
zwischen den Friedländer Thoren u. in der Behmen- u. Wartlau
Straße westlich zwischen Pfaffen u. Thurmstraße, letzteres aus
Cementguß herzustellen.

Beschluss
Die Ausführung soll den E. R. [Ehrsamen Repräsentanten] vor-
geschlagen werden.

1895

Nr. 125. Wegen des herzustellenden Mauerdurchbruchs am Friedländer Thor sei ein Kostenanschlag vorgelegt.

Beschluss
Den Ehrsamen Repräsentanten soll der Anschlag übersandt werden, mit der Aufforderung, sich mit der Herstellung des Ausganges für Fußgänger beim Friedländer Thor einverstanden zu erklären.

Neubrandenburg   Friedländertor

Bis 1908 fuhren auch in Neu-brandenburg, Vorderstadt des Großherzogtums Mecklen-burg-Strelitz, Postkutschen.

1896

Nr. 27. Es vernotwendigt sich die Erweiterung der Beschlüsse über den Bebauungsplan vor dem Friedländer Tor.

Beschluss
Der Ingenieur Petrausch soll zunächst zur Ergänzung des Planes aufgefordert werden.

1902

Nr. 500. Wegen baulicher Maßnahmen an den Stadtthoren hätten sie die Herrn Ringel, Dr. Brückner, Giesecke, Wendelburg u. Schlosser endgültigen Beschlüssen deputiert [beauftragt].

Beschluss
Es soll Verhandlungen mit den Deputierten stattfinden, insbesondere auch über inzwischen angezeigte Mauerrisse am Friedländer Thor.

Anzeige im Stadtführer „Neubrandenburg und Umgebung" aus dem Jahr 1914

1905

Nr. 213. Der Beleuchtung des Übergangs über den Wall neben dem Friedländer Tor durch eine Gaslaterne stimmen sie zu, hielten es aber zweckmäßiger, den Gaskandelaber an der Nordseite des Torhauses aufzustellen. (Außentor)

Beschluss
Die Gas Kommission wird mit der von ihr vorgeschlagenen Aufstellung des Kandelabers beauftragt, zu gleich sei zu berichten, warum die Aufstellung an der Nordecke des Torhauses sich nicht empfehle.

1910

Nr. 181. Der Beleuchtung der Bedürfnisanstalt beim Stargarder und Friedländer Tor stimmen sie zu.

Beschluss
Die Gas-Kommission wird mit der Arbeit beauftragt.

1911

Nr. 255. Mit der Planierung des wüsten Platzes an der Innenseite des Friedländer Tores sind sie einverstanden.

Beschluss
Die Kämmerei-Verwaltung hat die Arbeiten auszuführen.

1913

Nr. 260. Zur Anlegung eines Lawn-Tennis-Platzes auf dem Wall am Friedländer Tor geben sie ihre Zustimmung, bitten aber noch um Mitteilung der beabsichtigten Lawn-Tennis Ordnung.

Beschluss
Die Kämmerei-Verwaltung ist mit Ausführung der Anlage und mit der Vorlage von Bestimmungen zu beauftragen.

1919

Nr. 143. Sie sind damit einverstanden, daß 1. eine zweite Fahrbahn am Friedländer Tor geschaffen wird, 2. die vorgeschlagene Dämmung im Stargarder Tor vorgenommen wird. Die weiter in Vorschlag gebrachten Dämmungen im Treptower, Friedländer und Neuen Tor lehnen sie ab.

Beschluss
Die Arbeiten sind zu beschaffen und die abgelehnten Dämmungen noch einmal in der Straßenbau-Kommission zu besprechen.

Nr. 550. Sie bewilligen je 8000 M für die Dämmungen im Stargarder Tor und Friedländer Tor nach.

Beschluss
Die Dämmungen sind nunmehr auszuführen.

1921

Nr. 188. *Sie stimmen der Ausführung der Dämmung im Friedländer Tor [Kosten wieder 14.000 M] und der Übernahme von
50 bis 60 qm Polygonalstein [Kosten etwa 5500 M] zu.*

Beschluss
An das Stadtbauamt zur weiteren Veranlassung.

*1905 beschäftigte sich der Neubrandenburger Rat erstmals mit einer Gasbeleuchtung
am Friedländer Tor. Eine Gaslaterne, hier am Torwächterhäuschen, sollte aber an der
Außenseite der Nordwand des Zwingers den Übergang am Wall beleuchten.*

Eroberer mit offenen Taschen

Kleine und große Fehden und diverse Kriege hat das Friedländer Tor in der mehr als 750-jährigen Stadtgeschichte einige erlebt. Dreimal wurde es dabei auch erobert. 1631 erst durch die Armee des Schwedenkönigs Gustav II. Adolph und einen Monat später durch die Söldner des kaiserlichen Generals Tilly sowie 1926 durch die Berliner Pankgrafen.

Während die blutige Einnahme der Stadt im Dreißigjährigen Krieg durch Tilly in die Stadtgeschichte einging, hinterließ die erste Eroberung nur im Zusammenhang mit der zweiten eine kleine Erinnerung, während die dritte Einnahme der Stadt komplett aus dem kollektiven Gedächtnis der Stadt gestrichen ist. Dabei gibt es sogar ein fotografisches Zeitzeugnis. Es zeigt die Pankgrafen nach der Einnahme des Friedländer Tores siegestrunken in seinen Mauern.

Für den städtischen Fremdenverkehrsverein war diese Aufnahme übrigens so wertvoll, dass er sie in seinem 1929 veröffentlichten Fremdenführer veröffentlichte.

Nach der Überlieferung reicht die Geschichte der Pankgrafen weit zurück bis in das Mittelalter. 1381 soll Urgraf Udo mit der gespaltenen Klaue nach erfolgreicher Eroberung des Dorfes Wedding einen Ritterorden gegründet haben, der seinen Namen vom Fluss Panke, einem Nebenfluss der Spree, ableitete.

Erinnerungsfoto der Pankgrafen bei der Eroberung Neubrandenburgs 1926 im Zwinger des Friedländer Tores

Bereit zur Ritterfahrt 1903 nach Templin

Erwähnung finden die Pankgrafen in einem Landsknechtlied aus der Zeit der Hussitenkriege. In den Wirren des Dreißigjährigen Krieges geht die Spur der Pankgrafschaft verloren. Sie wird allerdings 1881 an einem Berliner Stammtisch wiederentdeckt. Irgendeinem historisch bewanderten Stammtischbruder fiel das bevorstehende 500-jährige

Jubiläum auf und man erweckte den alten Ritterorden zu neuem Leben. Die Bewahrung der Tradition machten die Pankgrafen zu ihrem Lebenszweck. Gestützt auf sagenhafte Rechtstitel ihrer Chronik erklärten sie irgendeiner märkischen, später auch fränkischen, bayrischen, pommerschen oder mecklenburgischen Stadt den Krieg. Voraussetzung war in der Regel das Vorhandensein einer Stadtmauer, an deren Tor man den übergroßen Fehdehandschuh nageln konnte. Dann erstürmten sie die Stadt mit viel Lärm, Knallfröschen und allerlei Feuerwerk, entfalteten auf dem Marktplatz ein großes Lagerleben und versammelten sich schließlich mit den unterworfenen Bürgern im Fackelglanz zu einer Rede ihres Großkomturs, wobei sie Waisenhäuser und Behindertenheime beschenkten, bevor sie am nächsten Tag, verkatert, aber glücklich, mit der Eisenbahn wieder nach Berlin zurückfuhren.

Überall im Reich lachte man über die prunkvoll kostümierten Pankgrafen. Man verspottete sie als wild gewordene Kleinbürger und als muntere Männer, die weniger dem Rittertum als dem Riesling frönten. Doch wurden sie überall geliebt, denn sie sangen nicht nur sehr schön, sie waren auch gutmütige Menschen mit offenen Taschen.

Bereits 1925 wurde der erste SA-Sturm von Mecklenburg-Strelitz in Neubrandenburg gegründet. Der Sturm 1/60, der sogenannte Traditionssturm, hier bei einem Marsch durch die Friedländer Straße am 1. Mai 1934.
Foto: Regionalmuseum Neubrandenburg

1945 wurde auch die Friedländer Straße ein Opfer des Zweiten Weltkrieges.

Welche Neubrandenburger Einrichtung 1926 von der Großzügigkeit der Berliner Pankgrafen profitieren konnte, ist in der Viertorestadt nach gut acht Jahrzehnten leider der Vergessenheit anheimgefallen, wie die „Alte Pankgrafen-Vereinigung von 1381 zu Berlin bey Wedding an der Panke (APV)" selbst, die heute übrigens mehr als 500 Mitglieder zählt, noch immer zu Ritterfahrten aufbricht und noch immer großzügige Wohltätigkeit auf ihre Fahnen geschrieben hat.

In den Nordosten kamen die Pankgrafen übrigens 1898 bei der Einnahme Fürstenbergs, 1903 bei der Eroberung Templins, 1926 beim Sturm des Friedländer Tores in Neubrandenburg und der Besetzung von Neustrelitz sowie 1992, 1993 und 1995 nach Fürstenberg. Das heutige Hauptquartier der Pankgrafen befindet sich übrigens am Gierkeplatz in Charlottenburg.

Nach der Machtergreifung der Nationalsozialisten 1933 marschierte in der Friedländer Straße der SA-Sturm. Es war der erste, der sich im Freistaat Mecklenburg-Strelitz gegründet hatte. Schon 1931 stellte die NSDAP mit acht Abgeordneten die stärkste Fraktion in der Stadtvertretung. SPD und KPD kamen nur zusammen auf acht Sitze. Das unrühmliche Ende der Wahnvorstellungen von einem Tausendjährigen Reich widerspiegelte die zerstörte Stadt 1945.

Nach dem Zweiten Weltkrieg dienten neben den Wiekhäusern auch die Torschreiberhäuser Neubrandenburgs bis Ende der 1960er, Anfang der 1970er Jahre als Wohnung. In einem der Torschreiberhäuser wohnte Ende der 1960er Jahre die Familie Kowalke.

Reinhold Kowalke

Hedwig Kowalke

...und ihr Schlafzimmer im Torwärterhäuschen Ende der 1960er Jahre

99

Das Torwächterhaus der Familie Kowalke Ende der 1960er Jahre, heute das „Torcafé"